As Surpresas da Cidade Espiritual
Nosso Lar

Solicite nosso catálogo completo, com mais de 300 títulos, onde você encontra as melhores opções do bom livro espírita: literatura infantojuvenil, contos, obras biográficas e de autoajuda, mensagens espirituais, romances palpitantes, estudos doutrinários, obras básicas de Allan Kardec, e mais os esclarecedores cursos e estudos para aplicação no centro espírita – iniciação, mediunidade, reuniões mediúnicas, oratória, desobsessão, fluidos e passes.

E caso não encontre os nossos livros na livraria de sua preferência, solicite o endereço de nosso distribuidor mais próximo de você.

EDITORA EME
Caixa Postal 1820 – CEP 13360-000 – Capivari – SP
Telefones: (19) 3491-7000/3491-5449
vendas@editoraeme.com.br – www.editoraeme.com.br

Isabel Scoqui
Marco Antônio Vieira

As Surpresas da Cidade Espiritual
Nosso Lar

Capivari-SP
— 2011 —

© 2011 Isabel Scoqui e Marco Antônio Vieira

Parte dos direitos autorais desta obra foram cedidos para a Editora EME, o que propicia a venda dos livros com preços mais acessíveis e a manutenção de campanhas com preços especiais a Clubes do Livro de todo o Brasil.

A Editora EME mantém, ainda, o Centro Espírita "Mensagem de Esperança", colabora na manutenção da Comunidade Psicossomática Nova Consciência e patrocina, junto com outras empresas, a Central de Educação e Atendimento da Criança (Casa da Criança), todos em Capivari-SP.

3ª edição – janeiro de 2011 – Do 6.001 ao 7.000 exemplares

Capa
André Stenico

Diagramação
Abner Almeida

Revisão
Izabél Braghero

Revisão dos índices remissivo e onomástico
Cíntia Rodrigues de Camargo

Revisado de acordo com o
Novo Acordo Ortográfico da Língua Portuguesa

Ficha catalográfica elaborada na editora

Scoqui, Isabel / Vieira, Marco Antônio
    As surpresas da cidade espiritual Nosso Lar. Isabel Scoqui e Marco Antônio Vieira – (1ª edição, agosto/2010), 3ª edição, janeiro/2011 – Capivari, SP: Editora EME.

    192 p. / Índices remissivo e onomástico

1. Espiritismo. 2. Reencarnação. 3. Vida no mundo espiritual. 4. Colônias espirituais. 5. Umbral. 6. Leis de Deus. I. Título.

CDD 133.93

Sumário

Apresentação 7

Primeira Parte
Nosso Lar – a cidade de André Luiz
Isabel Scoqui

André Luiz...11
O Umbral 15
A cidade espiritual...19
Alimentação 25
O poder da oração 29
Medicina e terapias espirituais.....................................31
O lar dentro de Nosso Lar 35
A jovem desencarnada...39
Parentela terrena..43
As câmaras de retificação 47
Herança e eutanásia...51
Vampiro...55
Os Samaritanos 59
Resquícios da escravidão 63
Encontros nada casuais 67
Visitando outra esfera 73
A palestra de Veneranda 77
Segundas núpcias 81
A guerra...87

Abnegação materna 95
A reencarnação de Laura 99
Retornando ao lar 103
Os mentores de André 109
. Clarêncio 110
. Lísias 114
. Elucidações de Laura 117
. Narcisa 123
Considerações finais 127
A vida no mundo espiritual 131

Segunda Parte
Índices remissivo e onomástico do livro Nosso Lar, da FEB Editora
Marco Antônio Vieira

Índice remissivo 135
    A 137
    B 142
    C 143
    D 150
    E 152
    F 156
    G 159
    H 161
    I 162
    J 164
    L 164
    M 166
    N 169
    O 171
    P 172
    Q 178
    R 178
    S 180
    T 184
    U 187
    V 187
    Z 189
Índice onomástico 190

Apresentação[1]

Em 1943, Francisco Cândido Xavier psicografou uma mensagem onde Emmanuel, seu guia espiritual, informava que um amigo viria trazer uma série de impressões da vida de além-túmulo. Esse amigo, que Emmanuel anunciava, era André Luiz, e o trabalho que seria feito, estava sendo analisado nas estâncias espirituais superiores.

Nesse mesmo ano, o guia espiritual de Chico Xavier apresentou-lhe *Nosso Lar*, informando que o autor pretendia oferecer detalhes de sua permanência numa colônia de transição.

O médium mineiro estranhou o conteúdo do novo livro, que mais parecia ficção do que realidade. Seu benfeitor, então, levou-o, desdobrado através do sono, até a cidade de Nosso Lar. Só então o médium passou a desenvolver seu trabalho com segurança.

Nosso Lar foi o décimo nono livro de Chico Xavier e, por seu conteúdo inovador, tornou-se um marco na história do espiritismo.

---

1 Esta obra não dispensa a leitura do livro *Nosso Lar*, publicado pela FEB Editora. Apenas serve de material de pesquisa e auxílio para seu entendimento. (Nota da Editora)

O mundo espiritual deixara de ser uma ideia imprecisa, adquirindo, a partir de então, contornos mais concretos. Chegara a hora em que os encarnados, presos ao escafandro da carne, poderiam vislumbrar a existência e as peculiaridades de outras esferas espirituais.

É pela importância da obra que nos debruçamos sobre esse trabalho de André Luiz, trazendo à tona fatos e questões que atendem plenamente às nossas necessidades conscienciais, por meio do esclarecimento, da reflexão e da compreensão do plano espiritual.

Por ser um livro bastante denso, organizamos e comentamos alguns aspectos da vida na espiritualidade, bem como índices que orientam aqueles que desejam pesquisar ou compilar determinados assuntos, facilitando o pleno acesso à obra.

Os autores

Primeira Parte

Nosso Lar – a cidade de André Luiz

Isabel Scoqui

André Luiz

André Luiz é um pseudônimo, adotado pelo autor espiritual. Para executar o trabalho, a que se propôs, foi necessário que abrisse mão de todas as convenções, inclusive do próprio nome, para resguardar a família que, na época, permanecia encarnada. Foi médico e viveu no Rio de Janeiro. Há grande especulação a respeito de sua verdadeira identidade, há quem diga que foi Oswaldo Cruz, Carlos Chagas, ou Faustino Esposel. Porém, o que importa é o seu trabalho de "repórter do além" e aquilo que ele veio nos contar.

Seu primeiro livro é *Nosso Lar*, onde relata a existência de uma cidade perfeitamente organizada, onde os desencarnados moram e desempenham as mais diversas tarefas, de forma semelhante às que desempenhamos aqui, porém mais aperfeiçoadas.

O livro inicia com o relato de sua permanência no Umbral, região do Espaço onde se concentram espíritos marcados por sentimentos inferiores. Revela a sua aflição, desorientado pelo medo, que não o deixava raciocinar. Estava ciente de sua condição de desencarnado e sabia que não estava louco, porém a consciência o acusava por ter utilizado os bens terrenos em benefício exclusivo, absorto pela filosofia do imediatismo. Entidades infelizes o atormentavam e as necessidades fisiológicas permaneciam sem modificação, sentia fome e sede. Sua vasta bagagem intelectual, trazida da Terra, não podia alterar aquela realidade sofrida. Foi então que se lembrou de Deus e essa ideia o confortou. Concentrou-se, então, numa prece dolorosa, e assim permaneceu durante horas. De repente, a neblina cedeu e ele se deparou com um ancião muito simpático. A princípio, julgou ser um emissário dos Céus, mas o amigo o esclareceu. Os oito anos de purgação chegavam ao fim. André foi levado, de maca, à cidade de Nosso Lar.

Clarêncio, o seu benfeitor, ordenou que ele fosse acomodado num confortável aposento. Logo após, serviram-lhe um caldo reconfortante e água fresca. André sentiu-se reanimado. Não sabia dizer que espécie de sopa era aquela; se alimentação sedativa, se remédio salutar. O fato é que novas energias ampararam-lhe a alma.

Um pouco mais tarde, nosso amigo experimentaria novas comoções. Suave melodia penetrou quarto adentro. O enfermeiro lhe explicou que chegara o crepúsculo em Nosso Lar, hora em que todos os núcleos da colônia se reuniam para a oração. Amparado, presenciou a prece através de um telão. Presenciou a reunião do Governador e seus setenta e dois Ministros, unidos para a oração coletiva. Ao final, uma chuva de pequenas flores desceu do alto, como bênçãos dos Céus, trazendo novo alento àqueles que tocavam.

O médico Henrique de Luna veio visitá-lo. Após um exame meticuloso, considerou-o suicida. "Suicida?" – perguntou com espanto. O facultativo informou-o que seu aparelho gástrico fora destruído à custa de excessos na alimentação e bebidas alcoólicas; que a sífilis devorara-lhe as energias essenciais. Havia desperdiçado os preciosos patrimônios da vida física, por isso foi considerado suicida. O paciente, mesmo contrariado, admitiu que o sistema de verificação de faltas, naquele plano, era muito mais verdadeiro. O médico apresentou-lhe Lísias, seu assistente, que deveria acompanhá-lo doravante.

Algumas semanas depois, André já se encontrava restabelecido e recebeu alta hospitalar. Lísias, que se tornara seu amigo, convidou-o a morar com ele, o que foi aceito de bom grado. André sentia falta de atividade. Recordava os quinze anos de clínica médica. Porém, ali, deveria começar como aprendiz. Para iniciar, foi encaminhado ao Ministério da Regeneração. Muitas atividades ali eram desenvolvidas: fábricas de suco, tecidos e artefatos em geral. Naquele tempo, trabalhavam ali mais de cem mil criaturas, que já estavam em condições de assumir uma ocupação útil. Mas não era esse tipo de trabalho que o esperava. Foi conduzido às alas da grande enfermaria.

Após atravessar extensos corredores e descer enorme escadaria, que dava aos pavimentos inferiores, André achou-se nas Câmaras de Retificação. Havia numerosas filas de leitos que sustentavam verdadeiros despojos humanos. Eram criaturas que foram adeptas das sensações físicas, sem se importarem com a vida espiritual, o que as tornou mendigas da alma. Ali, André conheceu Tobias e Narcisa, com quem logo simpatizou. Na assistência a esses sofredores, presenciou um fenômeno singular. Assim que alguns recebiam passes magnéticos, imediatamente passavam a exalar uma substância negra e fétida. Narcisa, a boa servidora, não dava conta de higienizar o local. Então, num impulso decisivo, André tomou os petrechos e se lançou ao trabalho com ardor. O serviço se prolongou pelo dia todo. E também pela noite afora, pois uma equipe de resgate trouxe muitos necessitados e era necessário acomodá-los convenientemente.

Ao romper do dia, André estava exausto, aceitando um apartamento de repouso ao lado das Câmaras. Orou ao Pai e agradeceu a oportunidade de trabalho. O sono o envolveu e ele se sentiu transportado, indo aportar nos braços de sua mãe, numa esfera superior.

O Umbral

Não obstante a passagem de oito anos pelo Umbral, André Luiz apenas trazia, dali, penosas impressões pessoais. Logo que se recuperou, deu vazão à curiosidade e pediu a Lísias que o informasse melhor.

O enfermeiro sorriu e explicou que o Umbral começa na crosta terrestre. É zona obscura onde estacionam aqueles que não atentaram para os deveres sagrados ou permaneceram no erro deliberado. Antes de reencarnar, o espírito promete se regenerar e cumprir determinadas tarefas no planeta mas, uma vez mergulhado na carne, normalmente reincide nas mesmas faltas. Para ilustrar melhor, citou o seguinte exemplo: cada pessoa que vai reencarnar é portadora de uma experiência que se assemelha a uma roupa suja para ser lavada no tanque da vida. Ao alcançar a oportunidade da vida terrestre, esquece de limpar essa roupa suja e a mancha ainda mais. Como regressar a um meio elevado dessa forma? Não é possível. Então o Umbral funciona como o local em que se esgotam os resíduos mentais inferiores, uma espécie de zona purgatorial, onde se queima o material nocivo, adquirido através do comportamento equivocado.

Deus permitiu que se criasse tal região, em torno do

planeta, para que ali permaneçam as almas não tão perversas, para serem enviadas a colônias de reparação mais dolorosa, nem bastante nobres para serem conduzidas a planos de elevação. Essas criaturas são companheiras imediatas dos homens, separadas deles apenas por leis vibratórias. Como o ser humano é um dínamo de forças que cria, transforma ou destrói, muitos encarnados encontram no Umbral os companheiros que afinam com suas tendências e, nesse caso, não há barreira vibratória entre eles, apesar de se situarem em planos diferentes.

O Umbral se encontra repleto de revoltados que, por não serem atendidos pela Providência, em suas reivindicações e caprichos, se organizam e lutam contra as causas do Bem. Chegam a formar poderosos núcleos de poder. No entanto, ali nunca faltou a proteção divina. Assim que se expira o tempo necessário de experiências, a entidade é resgatada e auxiliada em instituição de socorro.

As regiões, ainda mais inferiores, são chamadas Trevas. Um lugar de purgação mais severa. Há criaturas que gastam séculos e séculos recapitulando experiências. Nesse vai e vem, vão complicando a situação, colocando-se à mercê de inúmeras vicissitudes. Muitos se perdem nos labirintos traçados por eles mesmos. Insulados na preocupação egoística, costumam cair em precipícios, estacionando no abismo por tempo indeterminado. Em qualquer lugar, o espírito pode precipitar-se nas furnas do mal.

André quis saber a localização das Trevas. Se o Umbral estava ligado à mente humana, onde ficaria semelhante lugar de sofrimento e pavor?

Lísias explicou que há esferas de vida por toda parte. Se o Umbral se localiza no mesmo nível dos homens, há círculos que se iniciam na superfície do globo para baixo. A Terra

não é um campo onde podemos ferir ou menosprezar a bel-
-prazer. É uma organização viva, possuidora de leis que nos
escravizam ou libertam, segundo as nossas ações. É claro que
a alma esmagada por remorsos não pode subir à tona do lago
da vida. Quem opta por viver nas sombras, deixa-se atrair
pelo abismo, pois cada um determina a caminhada ao dirigir
os próprios passos.

A cidade espiritual

A fundação de Nosso Lar ocorreu no século XVI, por portugueses distintos desencarnados no Brasil. Consta nos arquivos da cidade que os fundadores enfrentaram árdua luta. O local era de natureza rude e incivilizada, exigindo serviço perseverante, solidariedade fraterna e amor espiritual. Aos poucos, o ambiente transformou-se, apresentando, então, edifícios de fina arquitetura, envolvidos por uma atmosfera de vibrações delicadas e nobres. A natureza agreste transmutou-se em jardim, orientada pela mente humana.

André Luiz conta que se impressionou com o espetáculo das ruas: vastas avenidas arborizadas, ar puro, atmosfera de profunda tranquilidade espiritual. As vias públicas estavam repletas de pessoas, não havendo qualquer sinal de ociosidade. Lísias, seu amigo e enfermeiro, explicou-lhe que estavam na área afeta ao Ministério do Auxílio. Os edifícios, que ali se erguiam, eram destinados a instituições e abrigos, e as residências reservadas aos orientadores e outros serviçais que colaboravam na missão. Naquela zona, atendiam aos doentes, ouviam rogativas, selecionavam preces, organizavam turmas de socorro às zonas inferiores, estudavam os processos ligados ao sofrimento.

A colônia, que era essencialmente de trabalho e realização dividia-se em seis Ministérios: Ministério da Regeneração, do Auxílio, da Comunicação, do Esclarecimento, da Elevação e da União Divina. Os quatro primeiros se aproximavam das esferas terrestres e os dois últimos os ligavam ao plano superior, pois ali era uma zona de transição. Os serviços mais grosseiros se localizavam no Ministério da Regeneração e os mais sublimes no da União Divina.

Lísias levou André até uma praça de maravilhosos contornos. Ao centro, erguia-se um palácio magnífico, cujas torres altíssimas pareciam alcançar o céu. Ali, vivia o abnegado orientador de Nosso Lar, que utilizava a colaboração de três mil funcionários nos trabalhos administrativos. A Governadoria era o ponto inicial da cidade, para onde convergiam os seis Ministérios.

O enfermeiro contou que os fundadores da cidade basearam-se na organização de Alvorada Nova, uma das colônias espirituais mais importantes da vizinhança. Lá, a divisão era por departamentos, mas eles acharam mais adequado adotar os Ministérios. Explicou, ainda, que quando os recém-chegados das zonas inferiores do Umbral se revelam aptos a receber a cooperação fraterna, demoram-se no Ministério do Auxílio; quando se mostram refratários, são encaminhados ao Ministério da Regeneração. Se revelam proveito, com o correr do tempo, são admitidos aos trabalhos de Auxílio, Comunicação e Esclarecimento, a fim de se prepararem, com eficiência, para futuras tarefas planetárias. São raros os que conseguem atividade prolongada no Ministério da Elevação e raríssimos, em cada dez anos, os que alcançam a intimidade nos trabalhos na União Divina.

Ali, num extenso ângulo da praça, aguardaram condução para irem ao Bosque das Águas. André presenciou, com grande surpresa, o grande carro, suspenso do solo a uns cinco metros, repleto de passageiros. Era o aeróbus. Não era uma máquina conhecida na Terra. Constituída de material muito flexível, tinha enorme comprimento e parecia ligada a fios invisíveis, em virtude de grande número de antenas. Subiram por um elevador e se acomodaram convenientemente. Perceberam que a velocidade era tanta que não permitia fixar os detalhes do percurso. A distância não era pequena, pois só depois de quarenta minutos desceram.

O panorama era deslumbrante. O bosque estava florido e, logo adiante, deslizava um rio de grandes proporções. A corrente era cristalina, a água parecia ter outra densidade, muito mais leve, quase fluídica. Árvores frondosas forneciam sombra amiga e bancos de caprichosos formatos convidavam ao descanso. Ali era uma das mais belas regiões de Nosso Lar e um dos locais prediletos dos enamorados, que firmavam promessas de amor e fidelidade, para as experiências da Terra.

André notou que todo o volume do Rio Azul era captado por imensas caixas de distribuição. Era o reservatório da colônia. As águas eram magnetizadas pelos Ministros da União Divina, para que servissem a todos os habitantes com a pureza imprescindível. Depois, cada instituto realizava trabalhos específicos, no suprimento de substâncias alimentares e curativas. Quando os diversos fios da corrente se uniam de novo, em local oposto ao bosque, o rio prosseguia o seu curso normal, rumo ao grande oceano de substâncias invisíveis para a Terra.

Lísias teceu novos conceitos sobre a água. Segundo ele, no plano espiritual ela era conhecida mais intimamente, sendo o veículo dos mais poderosos fluidos de qualquer natureza. Ali, ela era empregada, sobretudo, como alimento e remédio.

Na questão da água, o homem era desatento, há muitos séculos; o mar equilibrava-lhe a moradia planetária, o elemento aquoso fornecia-lhe o corpo físico, a chuva dava-lhe o pão, o rio organizava-lhe a cidade, a presença da água oferecia-lhe a bênção do lar e do serviço, entretanto, ele se julgava o absoluto dominador do mundo... Viria o tempo em que compreenderia que a água, como fluido criador, absorvia, em cada lar, as características mentais de seus moradores. A água, no mundo, não carreava somente os resíduos dos corpos, mas também as expressões de nossa vida mental.

Algum tempo depois, o "repórter do além" ficou sabendo que existia um tipo de remuneração na colônia. Laura, a mãe do seu amigo Lísias, disse-lhe que existia o bônus-hora, uma ficha de serviço individual, que tinha valor aquisitivo. Cada habitante de Nosso Lar recebia provisões de pão e roupa, no que se referia ao estritamente necessário. O vestuário e a alimentação pertenciam a todos em comum. Mas os que trabalhavam, adquiriam direitos justos. Os inativos podiam permanecer nos campos de repouso, ou nos parques de tratamento, favorecidos pela intercessão de amigos; entretanto, as almas operosas conquistavam os bônus-hora e podiam gozar dos lugares de entretenimento, ou de cursos ao contato de sábios orientadores, nas diversas escolas dos Ministérios. O bônus-hora, no fundo, era o dinheiro de lá. Quaisquer aquisições eram adquiridas com esses cupons. Cada trabalhador devia dar, no mínimo, oito horas de serviço útil por dia, sendo permitidas mais quatro horas extras. Em serviços sacrificiais, as remunerações podiam ser duplicadas ou até triplicadas. Ali, não se media o valor das ocupações do mesmo modo que na Terra. Comparando, por exemplo, um administrador com um operário, o trabalho do primeiro não era mais valorizado que o do segundo. Na orientação ou na subalternidade, o que contava realmente era se a atividade era de sacrifício pessoal, considerando os valores morais despendidos. No entanto, a remuneração, propriamente dita, era menos importante que as aquisições espirituais como a experiência, a educação, o enriquecimento das bênçãos divinas e a extensão das possibilidades.

Quanto maior a contagem do tempo de serviço, maiores intercessões podiam fazer. Laura contou que reencarnaria brevemente, não podendo legar os três mil bônus-hora, que possuía, aos seus familiares. Essa quantia seria revertida ao patrimônio comum. Sua família permaneceria apenas com o direito ao lar, conquistado por seu esposo, quando ali residia, por trinta mil bônus-hora. No entanto, sua ficha de serviço a autorizava a interceder pela sua filha, que estava para retornar à pátria espiritual.

Como Lísias se preocupasse com André e desejasse distraí-lo, convidou-o a conhecer o Campo da Música. Assim que alcançaram as cercanias do lugar, depararam-se com luzes de indescritível beleza. O parque parecia saído de um conto de fadas. Nas extremidades do campo, bandas reduzidas tocavam músicas ligeiras, que atendiam os gostos populares. Caminhos marginados de flores davam acesso ao interior do parque. Ao centro, porém, era tocada a música universal e divina, a arte sublime. Em Nosso Lar, o culto de música fina era mais apreciado. Não era à toa, a maravilhosa harmonia dominava o ambiente. Encontrava-se ali, a nata da cidade. Não era luxo que prestava brilho ao espetáculo maravilhoso. Era a espontaneidade, a beleza simples, a arte pura e a vida sem artifícios. Notava-se a conversação construtiva nas frases soltas aqui ou acolá. Discutia-se o amor, a cultura intelectual, a pesquisa científica, a filosofia edificante. As conversas nivelavam-se, pois os mais sábios restringiam seu poder enquanto os menos instruídos procuravam elevar a sua capacidade de compreensão. As referências a Jesus e ao Evangelho eram repletas de alegria. O Mestre era lembrado como o supremo orientador das organizações terrenas visíveis e invisíveis, cheio de amor e bondade, energia e vigilância.

Naquela cidade entre muralhas, que abrigava mais de um milhão de criaturas, André encontrou um lugar de trabalho, realização, uma vida social ativa, onde se buscava o prazer nas sublimes dádivas da vida.

Alimentação

Ao se deparar com a enorme cidade espiritual, André ficou curioso e perguntou a Lísias como era feito o abastecimento, já que ali não havia um Ministério da Economia.

O enfermeiro explicou que os serviços de alimentação, distribuição de energia elétrica, trânsito, transportes, entre outros, eram tratados pela Governadoria, que utilizava mais de três mil servidores em seus trabalhos administrativos.

O setor mais problemático fora o de alimentação. Há um século, havia extrema dificuldade em adaptar os habitantes à simplicidade. Muitos exigiam mesas fartas, bebidas excitantes, dilatando velhos vícios terrenos. Isso trazia enorme prejuízo ao crescimento espiritual dos habitantes. Assim que o atual Governador assumiu o cargo, entendeu a necessidade de melhorar os hábitos alimentares. Providenciou a vinda de duzentos técnicos, a fim de ensinarem a ciência da respiração e da absorção dos fluidos vitais da atmosfera. Houve muita resistência, mas o Governador jamais puniu alguém. O problema se agravou e, em virtude dos vícios de alimentação, algumas pessoas passaram a manter um intercâmbio clandestino com habitantes do Umbral. Aproveitando as brechas, abertas pelos imprevidentes, entidades infelizes tentaram invadir Nosso Lar. Terríveis ameaças pairaram sobre todos. Por isso, o Governador teve que tomar medidas drásticas, fechando o Ministério da Comunicação, reativando o calabouço da Regeneração, para recolhimento de eventuais recalcitrantes, ativou o serviço de defesa da colônia e proibiu temporariamente o auxílio às regiões inferiores. Por mais de seis meses, a alimentação se restringiu à inalação de princípios vitais da atmosfera, através da respiração, e água misturada a elementos solares, elétricos e magnéticos. Passado o período crítico, a Governadoria alcançou a vitória.

Assim que a cidade voltou ao normal, as refeições tornaram-se mais agradáveis que na Terra. Os trabalhadores do Ministério do Auxílio e da Regeneração passaram a se utilizar de concentrados fluídicos, devido aos pesados serviços ali prestados. Os da Comunicação e Esclarecimento passaram a fazer uso dos frutos, os da Elevação a consumir sucos e concentrados e os da União Divina quase aboliram a alimentação.

Ao ser internado, André recebeu um caldo reconfortante e água fresca que lhe trouxeram energias novas. Recebeu a mesma alimentação na residência de Laura, onde passou a viver. No entanto, a nobre senhora explicou que o maior sustentáculo das criaturas é justamente o amor. De quando em quando, recebiam em Nosso Lar comissões de instrutores, que ministravam ensinamentos relativos à nutrição espiritual. Todo sistema de alimentação, nas variadas esferas da vida, tem no amor a base profunda. O alimento físico, mesmo ali, é simples problema de materialidade transitória, como no caso dos veículos terrestres, necessitados de graxa e do óleo.

O verme, no subsolo do planeta, nutre-se de terra. O grande animal colhe na planta os elementos de manutenção. O homem colhe o fruto do vegetal, transforma-o segundo seu paladar, e serve-se dele à mesa. As criaturas desencarnadas necessitam de substâncias suculentas, tendentes à condição fluídica, e o processo será cada vez mais delicado, conforme se intensifique o crescimento espiritual. Mas não foi à toa que Jesus ensinou o "Amai-vos uns aos outros". Não se trata de princípios que objetivam somente a caridade. Aconselhou-nos a nos alimentarmos uns dos outros, no campo da fraternidade e da simpatia. Um dia, o homem encarnado saberá que a conversação amiga, o gesto afetuoso, a bondade recíproca, a confiança mútua, a luz da compreensão, o interesse fraterno, baseados no amor profundo, constituem sólidos alimentos para a vida em si. Reconhecerá que toda a estabilidade da alegria é problema de alimentação puramente espiritual.

Entre os casais mais espiritualizados, o carinho e a confiança, a dedicação e o entendimento mútuos permanecem muito acima da união física. A permuta magnética é o fator que estabelece ritmo necessário à manifestação da harmonia. Mesmo sem perceber, a vida dos encarnados se equilibra no amor. Almas afins constituem pares e grupos numerosos. Unindo-se umas às outras, amparando-se mutuamente, conseguem o equilíbrio no plano da redenção. A alma, em si, apenas se nutre de amor e como disse Jesus: "Nem só de pão vive o homem".

O poder da oração

André Luiz vaqueara por oito anos naquela região inóspita. Atormentado pela própria consciência e pelo assédio incessante de forças perversas, não conseguia sossego nem tempo para concatenar ideias. Ele, que vivera unicamente pelos bens terrenos, que detestara as religiões no mundo, experimentava agora a necessidade de conforto místico. Imitando uma criança aflita, de mãos-postas, passou a suplicar, a Deus, que lhe estendesse as mãos paternais. Com o rosto lavado pelas lágrimas, esmorecido pela dor, demorou-se na rogativa. Como por encanto, a névoa espessa se desfez e ele pôde vislumbrar o espírito amigo, que vinha resgatá-lo. Quando abriu mão do orgulho e orou com tanta alma, quando compreendeu que tudo no Universo pertence ao Pai Sublime, seu pranto foi diferente. Deus não espera as nossas rogativas para nos amar; no entanto, é indispensável nos colocarmos em posição receptiva. Foi o que aconteceu. Quando mentalizou firmemente a necessidade de receber auxílio, dilatou o padrão vibratório da mente e alcançou visão e socorro.

André se encontrava devidamente assistido, em um pavilhão do Ministério do Auxílio. Suave melodia entrou quarto adentro e o enfermeiro explicou que, ao crepúsculo, todos os núcleos da colônia se ligavam às preces da Governadoria, preces estas consagradas ao Cristo. Como aquela música o renovasse intimamente, André pediu para participar do evento. Agarrado ao braço fraternal, que se lhe estendeu, seguiu para enorme salão. Numerosa assembleia assistia, através de um telão, o cenário de maravilhoso templo. Sentado em destaque, um ancião coroado de luz fixava o Alto em atitude de prece. Em plano mais baixo, setenta e duas entidades o acompanhavam. O primeiro era o Governador e os outros seus Ministros, que se puseram a cantar um hino de indefinível beleza. Pairavam no recinto vibrações de paz e alegria. As vibrações mentais dos habitantes da colônia plasmaram um coração azul, com estrias douradas. A seguir, abundante chuva de flores azuis derramou-se sobre todos. As florezinhas desfaziam-se ao tocar as pessoas. Os presentes experimentavam singular renovação de energias ao contato com aquelas pétalas fluídicas.

Aos poucos, nosso amigo foi-se familiarizando com a prece. Antes, fora avesso a tais manifestações. Rendera-se. Agora orava em várias ocasiões. Ora pedia a Jesus que o auxiliasse nos caminhos novos, a fim de que não lhe faltasse trabalho e forças para realizá-lo. Ora utilizava os recursos da prece, para não fraquejar perante tão angustiosas impressões relativas aos sofredores. Também, em face ao doloroso testemunho perante seus familiares, orou pedindo o auxílio de Narcisa, que o ajudou a romper as algemas da inferioridade, habilitando-o a ser um cidadão de Nosso Lar.

Medicina e terapias espirituais

No dia seguinte à sua internação, André foi visitado pelo irmão Henrique de Luna do Serviço de Assistência Médica da colônia. Trajado de branco, traços fisionômicos irradiando enorme simpatia, auscultou o enfermo demoradamente. Em seguida, lamentou que o paciente tivesse vindo pelo suicídio. André redarguiu que a sua desencarnação tivera outra causa. Que lutara contra a morte por mais de quarenta dias. Que sofrera duas operações graves, devido à oclusão intestinal.

O médico esclareceu que a oclusão originara-se em causas mais profundas. Que o organismo espiritual apresenta a mesma história das ações praticadas no mundo. Examinando a zona intestinal, concluiu que os elementos cancerosos derivavam de algumas leviandades no campo da sífilis. O quadro poderia ser mais leve, se o paciente tivesse adotado um modo de viver mais sereno. A cólera e a dureza no trato com os semelhantes conduziram-no à esfera de seres doentes e inferiores, agravando a situação. Todo o aparelho gástrico fora destruído à custa de excessos de alimentação e bebidas alcoólicas. A sífilis consumira-lhe as energias essenciais. Ao desperdiçar os patrimônios da experiência física, suicidara-se. André entendeu que ali havia outro sistema de verificação de faltas cometidas. O facultativo falava com demasiadas razões.

Henrique de Luna designou o seu assistente Lísias para acompanhar o paciente enquanto durasse o tratamento. Após a apresentação, o simpático enfermeiro informou que, em sua condição, havia numerosos servidores em Nosso Lar. Só naquela seção havia mais de mil doentes espirituais, sendo que aquele era um dos menores edifícios do parque hospitalar. Que na turma de oitenta enfermos a que prestava assistência, cinquenta e sete se encontravam na condição de André, sendo suicidas inconscientes.

Na verdade, nessa condição, centenas de criaturas se ausentavam diariamente da Terra.

Lísias aplicava passes magnéticos e fazia curativos na zona intestinal do paciente. Explicava que toda medicina honesta é serviço de amor, atividade de socorro justo; mas o trabalho de cura é peculiar a cada espírito. Apesar do tratamento, a causa dos males persistiriam até que se desfizessem os germes da perversão da saúde, germes estes que foram agregados ao corpo sutil pelo descuido moral e pelo desejo de gozar mais que os outros.

Bastante refeito, André sentia vontade de trabalhar. Recordava com saudades os quinze anos de clínica e sentia-se impotente ao ouvir gemidos incessantes nos apartamentos vizinhos, sem poder fazer nada. Não lhe era lícita nem mesmo a função de enfermeiro ou colaborador nos casos de socorro urgente. Os médicos espirituais eram detentores de técnica diferente. A medicina, naquele ambiente novo, começava no coração, exteriorizando-se em amor e cuidado fraternal.

André, então, resolveu conversar com Clarêncio para pedir-lhe oportunidade de trabalho. O Ministro do Auxílio disse que era preciso convir que toda tarefa profissional, no planeta, é um convite do Pai para que o homem penetre os templos divinos do trabalho. Tal princípio é aplicável a todas as atividades terrestres. Para a espiritualidade, essa tarefa constitui uma ficha, mas, no mundo, costuma representar uma porta aberta a muitos disparates. O tutelado recebera uma ficha de médico na Terra. Cercado de todas as facilidades, nunca soube o preço de um livro, nem teve as dificuldades do médico pobre para amealhar clientela. Penetrara o templo da Medicina, mas a sua ação fora circunscrita à esfera do corpo físico. Como transformá-lo de um momento para outro, em médico de espíritos enfermos? O médico não pode estacionar em diagnósticos e terminologias. Há que penetrar a alma, sondar-lhe as profundezas. Raros conseguem atravessar o pântano dos interesses inferiores, sobrepôr a preconceitos comuns e, estes, frequentemente, transformam-se em alvo de zombarias e escárnio dos companheiros.

Considerando as intercessões chegadas ao Ministério do Auxílio em seu favor, o Ministro deu-lhe a oportunidade de recomeçar como aprendiz. Depois de experiências úteis, cooperaria eficientemente em Nosso Lar, preparando-se para o futuro infinito.

O lar dentro de Nosso Lar

Assim que André se recuperou plenamente, tornou-se dispensável sua permanência no parque hospitalar. Lísias, que se tornara seu amigo, convidou-o a morar junto aos seus. Assim, chegaram à porta de graciosa moradia, cercada por um belo jardim. Dona Laura, a mãe do enfermeiro, veio receber o novo morador, dando-lhe boas-vindas e abraçando-o carinhosamente.

O ambiente era simples e acolhedor. Móveis e objetos em geral quase idênticos aos da Terra. Quadros de sublime significação, instrumentos musicais como o piano e a harpa e uma biblioteca com livros maravilhosos. Não tinham acesso à colônia os escritores de má-fé, adeptos do veneno psicológico, por ficarem retidos no Umbral. Havia também uma Sala de Banho, cujas instalações o maravilharam.

Ali também residiam duas irmãs do enfermeiro, Iolanda e Judite, assim como uma sobrinha recém-chegada da Terra.

Mais à noite, Lísias convidou-o a visitar os jardins. André habituara-se à reclusão hospitalar, entre grandes árvores, e ainda não conhecia os vastos quarteirões do Ministério do Auxílio. Glicínias e lírios embalsamavam o ar com caricioso aroma. Ao longe, via-se as torres da Governadoria, sob belos efeitos de luz. André confessou nunca ter sentido tanta paz. Lísias informou-o que havia um compromisso, entre todos os habitantes equilibrados da colônia, no sentido de não emitirem pensamentos contrários ao bem. Esse esforço transformava-se numa espécie de prece quase constante, daí as vibrações de paz que sentiam.

Voltando à casa, André deparou-se com um aparelho parecido com um televisor. Perguntou ao amigo se era possível ouvir mensagens da Terra. Lísias respondeu que tinham condições de fazê-lo, mas aquele artefato visava ensinamentos elevados, acima de qualquer cogitação terrestre. Houve um tempo em que ninguém suportava a ausência de notícias dos encarnados. Isso trazia muito desequilíbrio, perturbando as atividades gerais dali. Para asserenar e proteger a população, o Governador proibiu o intercâmbio generalizado.

No crepúsculo, a família ligou o grande aparelho. Era o momento de louvor. Surgiu, no fundo, o mesmo belo quadro da Governadoria, que André acompanhava todas as tardes no parque hospitalar. Sensibilizado pela suavidade da música e pela beleza da prece, nosso amigo se deixou dominar por misteriosa alegria. Vendo o coração azul, desenhado ao longe, sentiu que sua alma se ajoelhava no templo interior.

Terminada a oração, reuniram-se à mesa. A dona da casa serviu um caldo reconfortante e frutas, que mais pareciam concentrados de fluidos deliciosos. As refeições, ali, eram muito mais agradáveis que na Terra.

Eloísa, a recém-chegada, não vinha fazer refeição à mesa. Laura esclareceu que a mocinha se encontrava muito nervosa e abatida. Ali, não traziam à mesa qualquer pessoa que se manifestasse perturbada ou desgostosa. A neurastenia e a inquietação emitiam fluidos pesados, que se misturavam automaticamente às substâncias alimentares.

André perguntou se a organização doméstica, naquela colônia, era idêntica à da Terra. Laura, que não lhe regateava informações, respondeu que o lar terrestre é que se esforçava por copiar-lhes o instituto doméstico. Contou que, certa vez, presenciara uma interessante palestra de um orientador, versado em matemática. Segundo ele, o lar era como se fosse um ângulo reto nas linhas da evolução divina. A reta vertical era o sentimento feminino, envolvido nas inspirações criadoras da vida. A reta horizontal era o sentimento masculino, em marcha de realizações do progresso comum. O lar era o sagrado vértice onde o homem e a mulher se encontravam para o entendimento indispensável. Era templo onde as criaturas devem unir-se espiritualmente antes que fisicamente. Na maioria, os casais terrestres passam as horas sagradas do dia vivendo a indiferença ou o egoísmo feroz. Dissimulam em sociedade e, na vida íntima, um faz viagens mentais de longa distância, quando o outro comenta o serviço que lhe é peculiar. É claro que, em tais circunstâncias, o ângulo divino não está devidamente traçado. Por enquanto, raros reconhecem que o lar é uma instituição essencialmente divina e que se deve viver, dentro de suas portas, com todo o coração e com toda a alma. Naquela fase evolutiva do planeta, os matrimônios de almas afins eram reduzidos e a esmagadora porcentagem era de ligações de resgate. O maior número de casais humanos era constituído de verdadeiros forçados, sob algemas.

A jovem desencarnada

Não só os encarnados sofrem a separação dos entes queridos. Ainda mais suscetíveis a esse tipo de sofrimento estão os desencarnados. Aqui na Terra, em tais separações, ficamos ocupados com as coisas materiais, o tempo entorpece a saudade e, frequentemente, os mortos são riscados da lista dos vivos. Quando a desencarnação ocorre aos jovens, o fato adquire maiores proporções nos dois planos.

Ao ser recebido na casa de Laura, André ficou sabendo que ela hospedava ali uma neta, recém-chegada, que se encontrava, ainda, muito debilitada. Convidado a visitar a jovem, André aceitou de bom grado.

A jovem descansava no quarto amplo e confortável. Recostada em cômoda poltrona, mostrava palidez acentuada e fundas olheiras. Desencarnara há poucos dias. Poderia estar num hospital onde pudesse se refazer, mas os amigos espirituais situaram-na na casa da avó, em Nosso Lar, esperando mais rápido restabelecimento. A jovem, porém, demorava a reagir. Crises de choro sacudiam-lhe frequentemente o peito. Sua inquietação, em parte, justificava-se. A tuberculose fora longa e deixara-lhe traços profundos. Além disso, fora vítima de uma educação religiosa deficiente.

André penalizou-se com o pranto da jovem. Procurou dar outro rumo à conversação, tentando subtraí-la às lágrimas. Fez-lhe algumas perguntas e ficou sabendo que ela vivera no Rio de Janeiro e que lutara contra a tuberculose por oito longos meses. Que, apesar dos tratamentos, tudo fora em vão. A desencarnação sobreveio e lhe restava a mágoa de ter transmitido a doença à sua carinhosa mãe. Não bastasse isso, deixara o noivo mergulhado em profundo desespero...

A avó tentava reerguer-lhe o ânimo, aconselhando-a a jamais prescindir do otimismo e da coragem. Confortava-a dizendo que, na Terra, temos a ilusão de que não há dor maior que a nossa. Que isso é pura cegueira, pois há milhões de criaturas afrontando situações verdadeiramente cruéis, comparadas com as nossas experiências.

No fundo, o que mais incomodava a jovem era o rompimento do noivado. Não se conformava com a mudança de planos.

A avó experiente logo entendeu qual era o problema. Sabia que a causa daquele pranto provinha do milenário egoísmo, da renitente vaidade humana. Era preciso falar claramente com a neta, porém com o devido cuidado para acordá-la sem feri-la. Relatou então que observara Arnaldo, diversas vezes, no curso da enfermidade de Eloísa. Realmente, ele se comovera, vendo o corpo da noiva reduzido a frangalhos. Mas isso era um sentimento passageiro. Reconfortar-se-ia, uma vez que ainda não estava preparado para compreender um sentimento verdadeiramente puro. Nesse caso, era provável que logo contraísse núpcias com outra.

A jovem não pôde acreditar no que ouvia. Notava-se a surpresa dolorosa em seu semblante. Parecia desejar provas. A avó esboçou um gesto carinhoso e tentou demovê-la da teimosia. Contou-lhe que, a partir do momento que o médico anunciara a impossibilidade de seu restabelecimento, em caráter confidencial, Arnaldo ficara muito magoado. No entanto, ele era um homem comum e tinha necessidades próprias. Assim que percebeu que aquele relacionamento tinha os dias contados, passou a envolver Maria da Luz, amiga de Eloísa, com vibrações mentais diferentes.

Eloísa mostrou-se mais inconformada que nunca. Seria substituída por Maria da Luz, justamente pela amiga que considerava fidelíssima?

Vovó Laura asseverou que a neta não podia contar com a fidelidade do noivo. Que melhor seria confiá-lo aos cuidados de uma amiga, que sempre seria sua amiga espiritual e que lhe possibilitaria, no futuro, acesso ao coração dele.

Eloísa prorrompeu em soluços. Tinha o coração preso, ainda, nas teias do amor-próprio. Na sua imaturidade, não podia entender que Arnaldo precisava dar continuidade à sua vida na Terra. Não valorizava o fato de que, desencarnada há poucos dias, tivera a felicidade de ser acolhida por parentes, sem conhecer as tempestades na passagem ao Além. A vinda de sua mãe, para o plano espiritual, estava prevista para logo. Laura sabia que, com certa dose de paciência, atingiriam juntas a solução desejada. Questão de tempo e serenidade.

Parentela terrena

André ansiava por notícias daqueles que deixara na Terra. Quando estava mergulhado nas sombras umbralinas perguntava-se onde ficara o lar, a esposa, os filhos. Mais tarde, já recuperado, calava a ansiedade de rever os seus. Assim que se deparou com um aparelho, semelhante a um rádio, a curiosidade aguçou-se. Que iriam ouvir? Mensagens da Terra? Lísias, entretanto, informou que não ouviam vozes do planeta. Ali, as transmissões baseavam-se em forças vibratórias mais sutis que as da esfera terrestre. Tinham elementos para efetuar tais transmissões, mas os interesses espirituais pairavam muito acima das cogitações terrestres.

A observação era justa, mas nosso amigo, habituado ao apego doméstico argumentou que seria interessante obter notícias dos amados da Terra. Isso traria maior tranquilidade à alma.

Lísias, que esperava esse tipo de justificativa, informou que nos círculos terrestres somos levados, muitas vezes, a viciar situações. Somos prisioneiros da condição exclusivista. Em família, isolamo-nos na consanguinidade e esquecemos os demais. Somos solidários somente na teoria, porém, na hora do testemunho, somos solidários apenas com os nossos.

No início da colônia, todas as moradias se ligavam com o núcleo de evolução terrestre. Ninguém suportava a ausência da parentela comum. Boatos assustadores perturbavam as atividades em geral. De vez em quando, as notícias dos afeiçoados terrestres abalavam as famílias. Notícias de desastres coletivos transformavam-se ali em verdadeiras calamidades públicas. Segundo os arquivos, nessa época a cidade parecia mais um departamento do Umbral do que propriamente uma zona de refazimento e instrução.

Amparado pelo Ministério da União Divina, o Governador proibiu o intercâmbio generalizado. Houve reações, mas prevaleceu o ensinamento de Jesus que manda os mortos enterrarem os seus mortos.

O enfermeiro explicou que não devemos procurar notícias nos planos inferiores, senão para levar auxílio justo. A criatura só pode ajudar com eficiência se tiver o sentimento e a razão equilibrados. Para isso, é indispensável a preparação conveniente, antes de fazer novos contatos com os parentes terrenos. O intercâmbio seria desejável se os encarnados tivessem domínio próprio, mas a grande maioria vive às tontas, enleada nas flutuações de ordem material. Por isso, era preferível enfrentar as saudades do que cair nos círculos da vibração inferior.

Acostumados a ver as coisas sob a ótica terrena, não imaginamos quanto a nossa falta de conhecimento, a respeito da vida além-túmulo, atinge nossos irmãos desencarnados. André Luiz nos relata que, assim que chegou às Câmaras de Retificação, encontrou um irmão mergulhado numa crise de grandes proporções. Era o irmão Ribeiro, que piorara um tanto, por receber uma carga de pensamentos sombrios, emitidos pelos parentes encarnados. Ainda muito fraco e sem força para se desprender dos laços do mundo, o pobre não pôde resistir, experimentando perturbação agravada. Logo cedo, deixou o leito desabaladamente, gritava que lhe solicitavam a presença no lar, que não podia esquecer dos filhos chorosos, que era crueldade retê-lo ali. Foi necessário aplicar-lhe passes de prostração, em benefício dele mesmo. Em face ao problema, Tobias informou que pediria providências quanto ao comportamento da família, para que recebesse maior dose de preocupação, deixando o desencarnado em paz.

As câmaras de retificação

Depois de ter recebido alta e ir morar na casa de Lísias, André foi autorizado a começar o seu aprendizado no Ministério da Regeneração. Laura, a sua anfitriã, encorajou-lhe o espírito vacilante. Verificando-lhe o contentamento e a comoção, a desvelada genitora de seu amigo dirigiu-lhe a palavra carinhosa. Conhecendo o espírito de pesquisa do ex-médico estudioso, apaixonado por novidades e mistérios, aconselhou-o a abandonar qualquer propósito de curiosidade nas tarefas em que ele participaria doravante. Não se limitasse a observar. Ao invés de abrigar a curiosidade, meditasse no trabalho e se atirasse a ele na primeira ocasião que se lhe oferecesse. Pesquisar atividades alheias, sem testemunhos no bem, poderia ser criminoso empreendimento. Somente o trabalho digno conferia ao espírito o merecimento indispensável para obter melhor aproveitamento. Não se considerasse humilhado por atender às tarefas humildes. Em todas as esferas da Terra, superiores ou inferiores, o Cristo era o mais incansável trabalhador. A ciência de recomeçar era uma das mais nobres que o espírito pode aprender. Lembrasse de Paulo de Tarso, Doutor do Sinédrio, que voltou ao deserto, para recomeçar a experiência humana como tecelão pobre, por amor a Jesus.

Se o Ministro Clarêncio o autorizara a conhecer, visitar

e analisar, era possível converter esse aprendizado em tarefa útil. O espírito de investigação devia manifestar-se após o espírito de serviço.

Quando André solicitou ao Ministro uma ocupação, no fundo, acalentava o desejo de continuar a ser o que fora até então: o médico orgulhoso e respeitado. Porém, se no passado desejara exercer a medicina naquele plano, agora raciocinava de maneira diversa. Antes queria serviço, mas talvez não desejasse servir. Não entendia o valor do tempo, nem enxergava as bênçãos da oportunidade. Agora, compreendia, mais do que nunca, que perdera muito tempo com a vaidade inútil. Sentia a necessidade de se regenerar.

Ao penetrar o belo edifício do Ministério da Regeneração, estava consciente que quem ama o trabalho, tem prazer em servir. Sabia que ali encontraria lutas ásperas. Mesmo assim estava disposto. O Ministro Genésio percebeu a generosidade no fundo daquele coração. Então, incentivando o pupilo, pronunciou a inolvidável frase: "Quando o discípulo está preparado, o Pai envia o instrutor. O mesmo se dá, relativamente ao trabalho. Quando o servidor está pronto, o serviço aparece." Em seguida, André foi recomendado a Tobias, que deveria orientá-lo na nova empreitada.

Atravessaram largos quarteirões, bastante movimentados. O novo amigo esclareceu que ali ficavam as grandes fábricas de Nosso Lar. Em seguida, penetraram num edifício de aspecto nobre. Seguiram por extensos corredores e desceram enorme escadaria, que dava acesso aos pavilhões inferiores. Uma série de câmaras vastas, ligadas entre si, ostentava numerosas filas de camas repletas de verdadeiros despojos humanos. O ambiente era desagradável devido às emanações mentais dos que ali se encontravam. Esse local era conhecido como Câmaras de Retificação. Sua localização estava em maior proximidade possível do Umbral, pois os assistidos não tolerariam as luzes e a atmosfera da cidade nos primeiros dias de estadia em Nosso Lar.

Tobias apresentou-lhe Narcisa, uma velha e simpática servidora, que os colocou a par da situação dos assistidos. Entre brados e gemidos, alcançaram uma ala onde trinta e dois homens, de semblante congesto, permaneciam inertes em leitos baixos, cujo único movimento era de leve respiração. Esses sofredores padeciam um sono mais pesado que outros irmãos ignorantes. Eram os crentes negativos. Entronados em feroz egoísmo, não aceitavam o Senhor, não acreditavam na vida, no movimento, no trabalho, admitindo a vitória do crime e, depois, o nada. Agindo assim, prepararam-se para o grande sono. Sem qualquer ideia do bem, a serviço dos outros, não restava outro recurso senão dormirem longos anos, em pesadelos sinistros.

Com cuidado, Tobias começou a aplicar passes de fortalecimento nos assistidos. Finda a operação nos dois primeiros, ambos começaram a expelir fétida e negra substância pela boca. Segregavam fluidos venenosos. A seguir, grande número deles passou a vomitar a mesma substância. Narcisa, por mais que se esforçasse, não conseguia atender à tarefa de limpeza. Foi então que, lembrando os conselhos de Laura, André agarrou-se aos petrechos de limpeza e lançou-se ao trabalho com ardor. O trabalho durou o dia todo.

À noitinha Narcisa tentava consolar um doente aflito. O pobrezinho estava apavorado. Via um monstro e vermes. A velha servidora tentava acalmá-lo. Aconselhou-o a confiar em Jesus e esquecer o monstro. Em seguida, aplicou-lhe passes salutares e reconfortantes. Ajeitou-lhe os travesseiros e mandou que lhe dessem água fluidificada.

André ficou curioso. O doente estaria assediado por algo invisível ao seu olhar?

Narcisa explicou-lhe que o jovem via o seu próprio cadáver. Fora excessivamente ligado ao corpo físico e viera para a esfera espiritual após um acidente, ocorrido por pura imprudência. Nada lhe valeram os socorros das esferas mais altas, porque fechava a zona mental a todo pensamento relativo à vida imortal. Por fim, os vermes expulsaram-no do corpo e ele se afastou do túmulo, tomado de horror. Começou a peregrinar nas zonas inferiores do Umbral, mas seus pais na Terra possuíam ali grandes créditos espirituais e rogaram a sua internação na colônia. Foi, então, trazido quase à força. Seu estado era tão grave que não sairia tão cedo das Câmaras. Seu genitor veio visitá-lo, ficando a sós com o filho. Desde esse dia, o enfermo melhorou bastante.As crises tornaram-se mais espaçadas.

Narcisa esclareceu que a visão de Francisco era o pesadelo de muitos espíritos depois da morte carnal. Por serem demasiadamente apegados ao corpo, votavam-lhe verdadeiro culto. Chegada a morte, negavam-se a abandoná-lo. Repeliam qualquer ideia de espiritualidade e lutavam desesperadamente para conservar o corpo inerte. No entanto, os vermes vorazes os expulsavam. A essa altura, horrorizavam-se e adotavam atitude inversa. A visão do cadáver, como forte criação deles mesmos, atormentava-os, sobrevindo perturbações e crises, até a eliminação total do seu fantasma. Lamentava a profunda falta de preparo espiritual da maioria dos nossos irmãos encarnados.

Naquele dia, havia poucos auxiliares nas Câmaras. Narcisa informou que a maioria deles acompanhara os Samaritanos em serviço de resgate no Umbral. Ao entardecer, após a prece vespertina, Tobias ligou o receptor, a fim de se comunicar com os Samaritanos. Ficaram sabendo que quase trinta pessoas haviam sido resgatadas e que era necessário preparar a recepção das desventuradas criaturas.

Herança e eutanásia

Há quem defenda a eutanásia como um ato de caridade. Chamam-na injeção compassiva para a morte suave. Alguns médicos a aplicam sem conhecerem as dificuldades espirituais que desencadeia. A carga fulminante da medicação não atua somente no sistema nervoso, mas também nos centros do organismo perispiritual. Cada paciente enfrenta dificuldades próprias, inerentes ao seu estado mental. O livro *Nosso Lar* traz uma experiência dessa natureza, que passamos a relatar.

André e Narcisa visitavam o Pavilhão 5 das Câmaras de Retificação, quando Paulina chegou para visitar seu pai, que ali estava internado e ainda acusava fortes desequilíbrios. Era visível o contraste entre a bela jovem e o ancião de fisionomia desagradável. O olhar duro, a cabeleira desgrenhada, os lábios retraídos, inspiravam mais piedade que simpatia.

A moça cumprimentou-o afavelmente, mas o velho exprimiu, através do olhar, sentimentos de aspereza e revolta. A jovem, com extremo carinho filial, perguntou-lhe sobre o seu estado. O doente começou a gritar com voz estentórica, amaldiçoando seu filho Edelberto. A morte por envenenamento não lhe saía da mente.

Paulina falava com os olhos rasos d'água. Explicava que as experiências consanguíneas, na Terra, servem para se adquirir o amor espiritual. Que os lares terrestres são cadinhos de purificação dos sentimentos. Por essa razão, ele deveria perdoar o filho leviano, entendendo que ele nada mais era do que um irmão necessitado de esclarecimento. Contou que esteve na casa terrena e que, lá, havia observado extremas perturbações. Que daquele leito, mesmo à distância, seu pai se utilizava de sua mente vigorosa para envolver a família toda em fluidos de amargura e incompreensão. Do mesmo modo, eles também devolviam as mesmas vibrações. Essa permuta de ódio e desentendimentos causava ruína e sofrimento na alma de todos. Sua mãe recolhera-se, há alguns dias, em um hospício. Eis no que se transformara a família: um pai em estado grave, uma mãe louca e filhos perturbados, odiando-se entre si.

O grande patrimônio material, que ele juntara quando nas esferas da carne, era motivo de desavença entre irmãos, o que ensejou acirrada batalha judicial. De que valiam tantos bens materiais se não havia um átomo de felicidade para ninguém?

O velho argumentou que legara enorme patrimônio à família, porém a filha não o deixou terminar e retomou a palavra. Afirmou que nem sempre é benefício prover pessoas com riqueza provisória. Que costumamos amealhar dinheiro por espírito de vaidade e ambição. Que se, para assegurar o futuro da família, ele não tivesse medido esforços no sentido de garantir-lhes tranquilidade moral e trabalho honesto, tudo poderia ser diferente. Ninguém nasce no planeta para acumular moedas nos cofres ou valores nos bancos, pois ninguém pode servir ao Pai mostrando avareza e propósitos de dominação. Tal gênero de vida arruinara toda família.

Tempos atrás, Paulina tentara levar socorro espiritual ao ambiente doméstico. Enquanto o pai e a mãe se sacrificavam para aumentar os haveres, as irmãs Amália e Cacilda se esqueciam do serviço útil. Envolvidas pelas banalidades sociais, acabaram por desposar maridos ociosos, que só visavam vantagens financeiras. O irmão Agenor repudiara o estudo, entregando-se às más companhias. Edelberto conquistou o título de médico, exercendo a função eventualmente. Todos arruinaram belas possibilidades espirituais, distraídos pelo dinheiro fácil e apegados à ideia de herança.

O velho, porém, não estava receptivo ao diálogo esclarecedor. Ao ouvir o nome de Edelberto, começou a praguejar. Amaldiçoava-o, pois o filho, valendo-se da condição de médico, aplicara-lhe a chamada "morte suave". O rapaz desejava apressar a morte do genitor, por questões de ordem financeira. Não se tratava, pois, de um mero caso de repartição de herança que, em via de regra, é extremamente complicado e que, com raras exceções, acarreta enorme peso a todos os envolvidos. Tratava-se de eutanásia, e aí estava o resultado: desequilíbrio, moléstia e ódio.

O doente estava exasperado. Paulina percebeu que o pai precisava se acalmar. Calou-se, contendo, a custo, as lágrimas represadas. Acariciou-lhe demoradamente a fronte. Em seguida, despediu-se com frases gentis, mas com muita tristeza no olhar, denotando funda preocupação. Sabia que só o tempo poderia amenizar tantas dores e desatinos.

Vampiro

Eram vinte e uma horas. Um operário, que integrava o corpo de sentinelas das Câmaras de Retificação, procurou Narcisa. Informava que infeliz mulher estava a pedir socorro no grande portão, que dava para os campos de cultura. Havia passado despercebida pelos vigilantes das primeiras linhas, na vizinhança com o Umbral. Informou, ainda, que não pudera atendê-la, pois a mesma se achava rodeada de pontos negros.

André e Narcisa atravessaram o campo enluarado, percorrendo mais de um quilômetro, até atingirem uma grande cancela. Depararam-se, então, com miserável figura, coberta de andrajos, rosto horrendo, pernas em chaga viva. Assim que a mendiga os avistou, bradou em voz lamuriosa. Desejava auxílio para fruir a paz desejada. Narcisa, que parecia enxergar algo além do vulto da mulher infeliz, pediu-lhe que aguardasse, pois não podia resolver a questão por si mesma e precisava recorrer ao Vigilante-Chefe, em serviço.

O Irmão Paulo, orientador dos vigilantes, examinou atentamente a recém-chegada do Umbral. Concluiu, então, que não havia condições de recolhê-la, pois se tratava de um dos mais fortes vampiros que encontrara. Permitir o asilo daquela criatura, entre outros enfermos, seria trair a sua função de vigilante. Pediu à enfermeira que contasse as manchas pretas impressas na atmosfera espiritual da pedinte. Narcisa contou cinquenta e oito. Esses pontos escuros representavam cinquenta e oito criancinhas assassinadas ao nascerem. Em cada mancha, via-se uma criancinha aniquilada, umas por golpes esmagadores, outras por asfixia. A desventurada criatura fora profissional de ginecologia. Entregara-se a crimes medonhos, explorando a infelicidade de jovens inexperientes. A situação dela era pior que a dos suicidas e homicidas que, por vezes, apresentam atenuantes consideráveis.

Narcisa estava penalizada e disse estar disposta a se incumbir pessoalmente do tratamento da enferma, se ela fosse recolhida. Mas o Irmão Paulo não cedeu e resolveu fazer um teste. Aproximou-se da pedinte e lhe perguntou a razão de tantas vidas ceifadas prematuramente. A mulher exibiu tremenda carantonha de ódio. Disse ter empregado seu tempo auxiliando a maternidade na Terra, sendo boa e pura. Que tinha a consciência tranquila. O vigilante redarguiu que não era isso que observava na fotografia viva dos seus pensamentos e atos. Que a irmã nem mesmo havia sido bafejada pelos benefícios do remorso.

A interlocutora ficou irada. Xingou-o de demônio, feiticeiro, sequaz de Satã. Afirmou não estar procurando remédio, nem serviço. Procurava, sim, o paraíso que fizera por merecer, praticando boas obras. E, endereçando dardejante olhar de extrema cólera, perdeu o aspecto de enferma ambulante, retirando-se a passo firme, absolutamente senhora de si.

Realmente tratava-se de um vampiro. Exibia condição de criminosa e declarava-se inocente; era profundamente má e afirmava ser boa e pura; sofria desesperadamente e alegava tranquilidade; criara um inferno para si e assegurava estar procurando o céu. Certamente seria atendida, em algum recanto, pela Bondade Divina, mas por princípio de caridade legítima não podiam recolhê-la, ali, a bem da coletividade. A instituição não era o céu que ela desejava, era uma casa de trabalho, onde os doentes reconheciam o seu mal e tentavam curar-se, junto de servidores de boa vontade.

Os Samaritanos

Naquela investida, os Samaritanos tiveram muito trabalho nos abismos de sombra. Além de deslocar grande multidão de infelizes, resgataram vinte e nove irmãos. Vinte e dois se encontravam sob desequilíbrio mental e sete em completa inanição psíquica. A equipe avisou que chegariam alguns minutos após a meia-noite. Era necessário que fossem providenciados leitos e outras comodidades aos assistidos.

André estranhou que os irmãos encontrassem dificuldades no transporte dos enfermos. Não havia ali o aeróbus? Porém, Tobias argumentou que esse tipo de condução era incompatível com a densidade da atmosfera umbralina. Que ele, André, havia chegado em Nosso Lar a pé, carregado em uma maca. Ainda que todos fossem espíritos, estavam em círculos, que se revestiam de fluidos pesadíssimos.

Decidiu-se que alojariam os perturbados no Pavilhão 7 e os enfraquecidos na Câmara 33. A questão da hospitalidade estava resolvida, restava ainda o que se relacionava com a assistência. Precisavam de pessoal de serviço noturno, pois os operários, em atividade junto aos Samaritanos, chegariam exaustos. André ofereceu os seus serviços, permaneceria nas Câmaras, de bom grado, se fosse preciso. Pelas circunstâncias especiais, Tobias aceitou a colaboração e, como tivesse outros compromissos pendentes, propôs-se a traçar um plano de trabalhos que facilitasse a execução. Enquanto alguns servidores e Narcisa preparavam roupa adequada e material de enfermagem, ele e André moveram pesado material no Pavilhão 7 e na Câmara 33.

Nosso amigo estava exausto, contudo experimentava suprema alegria no coração. Não pensava na compensação dos bônus-hora; sua profunda satisfação vinha do fato de comparecer honrado, pelo trabalho, perante sua mãe e os seus benfeitores do Ministério do Auxílio.

Poucos minutos antes da meia-noite, Narcisa e André foram até o portão das Câmaras. Os Samaritanos estavam para chegar, sendo necessário observar-lhes a volta, para tomada de providências. Alcançaram o caminho cercado de árvores frondosas e acolhedoras. O ar embalsamado era leve, o vento fresco agitava as folhas. Nas Câmaras, apesar das amplas janelas, não experimentavam tal sensação de bem-estar.

Ali estiveram por longos minutos, quando, em dado momento, a bondosa amiga indicou um ponto escuro no horizonte enluarado. André identificou a caravana que avançava em sua direção. De repente, ouviu o ladrar de cães a grande distância. Narcisa explicou que os cães são auxiliares preciosos nas regiões obscuras do Umbral, onde não estacionam somente homens desencarnados, mas também verdadeiros monstros, que não lhe cabia descrever.

Aproximavam-se vagarosamente seis carros, parecidos com diligências, precedidos de matilhas de cães barulhentos. Os carros eram puxados por animais, semelhantes aos muares terrestres. Voavam também, a curta distância, os grandes bandos de aves, de corpo volumoso, produzindo pios característicos.

André insistiu em saber por que não se utilizavam do aeróbus. A prestimosa enfermeira explicou que não era possível, por causa da densidade da matéria e por espírito de compaixão aos que sofrem. Os núcleos espirituais superiores prefeririam utilizar aparelhos de transição.

Em muitos casos não podiam prescindir da ajuda dos animais. Os cães facilitavam os trabalhos, os muares suportavam as cargas pacientemente e forneciam calor nas zonas frias e as aves, denominadas íbis viajores, eram excelentes auxiliares dos Samaritanos, por devorarem formas mentais perversas, enfrentando as trevas umbralinas.

Estacaram as matilhas de cães, conduzidas por trabalhadores de pulso firme. Daí a minutos, enfrentavam os enormes corredores de ingresso às Câmaras de Retificação. Alguns doentes eram levados ao interior sob forte amparo. Alguns enfermos se portavam com humildade e resignação; outros, todavia, reclamavam em altos brados.

Resquícios da escravidão

Quando os Samaritanos chegaram, os servidores movimentaram-se apressados. André também se dispôs ao serviço, indo ajudar uma velhota, que procurava descer do último carro, com muita dificuldade. Ao se deparar com ele, a mulher benzeu-se e agradeceu a saída do Purgatório. Informou que, lá, malditos demônios a torturavam.

Nosso amigo ajudou-a a descer e ao ouvir, pela primeira vez, referências sobre inferno e purgatório, julgou que conseguiria novas informações, através daquela pessoa que lhe parecia ajuizada. Mostrando estudado interesse e se deixando conduzir pela curiosidade malsã, interrogou-a a respeito de onde estivera. A pobre criatura, percebendo interesse, passou a explicar-se. Contou-lhe que fora na Terra uma mulher de bons costumes, muito religiosa. Ao sair do mundo, não sabendo por qual arte de Satanás, fora cercada por seres monstruosos, que a arrebataram num verdadeiro turbilhão. Ficara enclausurada, mas não perdera a esperança de ser libertada, pois deixara dinheiro para a celebração de missas após a sua morte.

Instada por André, a mulher disse não saber as razões de sua permanência naquelas paragens. Certo é que na Terra, ninguém estava livre de pecar. Seus escravos provocavam confusão e, de vez em quando, se via obrigada a aplicar disciplinas. Não raro um negro morria no tronco, para servir de corrigenda a todos. Outras vezes, era obrigada a vender escravas, separando-as dos filhos. Naquelas ocasiões, sentia-lhe morder a consciência, mas confessava-se, recebendo a absolvição e ingerindo a hóstia sagrada, ficando em dia com todos os seus deveres para com o mundo e para com Deus.

André escandalizou-se com a exposição. Disse-lhe que essa postura era falsa. Que os escravos eram igualmente nossos irmãos. Perante Deus, são filhos os servos e os senhores, sem discriminação.

A mulher irritou-se. Bateu o pé autoritariamente e redarguiu que escravo é escravo. Se assim não fosse, não os veria na casa dos bispos. Padre Amâncio, o virtuoso sacerdote, disse-lhe que os africanos eram os piores entes do mundo, nascidos para servirem em cativeiro. Não podia se encher de escrúpulos no trato com essa espécie de criaturas. Os escravos eram seres perversos. Tanto que a sua morte foi antecipada por causa deles. Achava-se adoentada, quando o padre trouxe a notícia de que a Princesa havia libertado esses bandidos. Como poderia ficar no mundo com essa gente em liberdade? Chocada, confessou-se com dificuldade e faleceu a seguir. Mas os demônios também pareciam ser africanos e viviam à sua espreita, sendo ela obrigada a sofrer-lhes a presença até então.

André perguntou quando desencarnara e ela respondeu que viera em maio de 1888. Talvez seus sobrinhos tivessem esquecido de pagar as missas, embora tivesse registrado essa vontade em testamento.

Nosso amigo ia responder, fornecendo-lhe ideias novas de fraternidade e fé, mas Narcisa aproximou-se e o advertiu.

Esquecera-se ele de que estavam providenciando alívio a doentes e perturbados? Que proveito tinham aquelas informações? Os dementes falam incessantemente e quem os ouve, gastando interesse espiritual, não pode ser menos louco.

A mulher perguntou a Narcisa se essa observação era destinada a ela. A enfermeira, usando tato psicológico, disse que não. Mas que descansasse, pois seu esforço purgatorial devia ter sido longo...

A velhota começou a repetir a mesma história. Narcisa, porém, experiente em tais circunstâncias, pediu a ela que não comentasse o mal. Conhecia a sua história. A seguir, providenciou para que a pobre mulher fosse conduzida a um leito de tratamento.

Encontros nada casuais

Os Samaritanos tomavam as últimas providências daquela madrugada, quando um deles saudou André. Nosso amigo voltou-se surpreendido e reconheceu o velho Silveira, pessoa de seu conhecimento, a quem seu pai, como negociante inflexível, despojara de todos os bens. Certo constrangimento tomou conta de André, que gostaria de corresponder ao afetuoso cumprimento, mas a má lembrança do passado o tolhia.

O interlocutor compreendeu a situação e veio ao encontro de nosso amigo, conversando com amabilidade espontânea.

André tentou dar-lhe algumas justificativas, pedir desculpas quanto ao procedimento de seu pai. Recordou-se da senhora Silveira, quando foi à sua casa, explicar a situação. Tinha o marido e dois filhinhos acamados. As necessidades eram grandes e os tratamentos dispendiosos. A pobrezinha chorava humilhada.

A mãe de André intercedeu, pediu a seu pai que esquecesse os documentos assinados, abstendo-se de ação judicial. Seu genitor, porém, habituado a transações comerciais, manteve-se irredutível. Lamentava a ocorrência, mas não via outra alternativa senão cumprir os dispositivos legais. Não podia quebrar as normas de seu estabelecimento comercial. As promissórias tinham efeito legal. E tentou consolar a esposa, afirmando que havia outros clientes em pior situação do que aquela.

Assim que a mulher foi embora, seu pai repreendeu severamente a sua mãe. Proibiu-a de interferir na esfera dos negócios comerciais. Além disso, André, que considerava sua mãe sentimentalista, apoiara incondicionalmente a atitude paterna.

A pobre família arcou com a total ruína financeira. Foram obrigados a procurar um recanto humilde no interior, vivendo em total penúria. Desde então, não souberam o que havia acontecido aos Silveiras.

O Samaritano percebeu-lhe o desapontamento e perguntou se ele visitara o seu pai. André respondeu que ainda não surgira oportunidade. Silveira abraçou-o com afeto e voltou ao trabalho.

André, desconcertado, procurou os conselhos de Narcisa. Esta respondeu que também já tinha passado por situação semelhante. Agradecia ao Senhor, por isso, porque era a oportunidade de restabelecer uma relação interrompida. Em seguida, perguntou se ele havia aproveitado o ensejo, desculpando-se com Silveira. Mediante a negativa, a enfermeira aconselhou-o a não perder a oportunidade. Aproveitasse o momento, pois aquele homem era ocupadíssimo e talvez não houvesse, tão logo, outra chance. Recordasse o Evangelho e fosse buscar o tesouro da reconciliação.

André não hesitou. Correu ao encontro de Silveira e falou-lhe abertamente, rogando perdão, a ele e ao seu pai, pelas ofensas e erros cometidos. Justificou que estavam cegos, pois não conseguiam enxergar senão o interesse próprio.

Silveira, muito comovido, interrompeu-o. Disse que

ninguém está isento de erros, que ele mesmo errara muito. Além disso, seu pai fora verdadeiro instrutor. Aquela atitude enérgica, que os fez perder tudo, levou a família ao esforço pessoal, o que lhes trouxe progresso ao espírito. Foram forçados a renovar os conceitos da vida humana. Sob esse ponto de vista, os nossos adversários não são nossos inimigos e, sim, benfeitores. Fixando-o emocionado, afagou-lhe paternalmente e disse que, em breve, queria ter a satisfação de visitarem o seu pai, juntos.

André abraçou-o, experimentando nova alegria na alma. Em algum lugar de seu coração, acendera-se uma divina luz para sempre.

Outra situação pegou o nosso amigo de surpresa.

Até então, ele não sabia definir a grande atração, que sentia, por visitar a ala feminina das Câmaras de Retificação. Comentando o fato com Narcisa, esta lhe disse que quando o Pai nos convoca a determinado lugar, lá nos aguarda alguma tarefa. Cada situação da vida tem uma finalidade definida. Que observasse isso mesmo nas visitas aparentemente casuais. Desde que os pensamentos visassem a prática do bem, não era difícil identificar as sugestões divinas.

No mesmo dia, Narcisa conseguiu autorização para que o amigo penetrasse naquelas câmaras.

Filas de leitos alvos e bem cuidados exibiam mulheres, que mais se assemelhavam a frangalhos humanos. Ouvia-se gemidos lancinantes e angustiosas exclamações. Nemésia, a responsável por aquelas alas, pediu a Narcisa que acompanhasse André e lhe mostrasse os serviços que julgasse convenientes ao aprendizado dele.

Chegaram ao Pavilhão 7, onde eram assistidas dezenas de mulheres. André observava o semblante torturado das enfermas, quando uma delas chamou-lhe a atenção. Quem seria aquela mulher amargurada, de olhos embaciados, envelhecida precocemente? Puxando pela memória localizou-a no passado. Era Elisa. Aquela mesma Elisa que conhecera nos dias de mocidade. Estava transformada pelo sofrimento, mas não restavam dúvidas quanto à sua identidade.

Lembrou o dia em que ela penetrou a casa paterna, humilde, sendo admitida para os serviços domésticos. A princípio nada de extraordinário, depois veio a intimidade excessiva, de quem abusa da condição de mandar e da condição de servir alguém. Quando estavam a sós, a moça comentava, sem escrúpulos, suas aventuras, o que estimulava a irreflexão. Sua mãe o advertiu que aquela intimidade não ficava bem, que era bom que tratasse a moça com generosidade, mas convinha pautar um relacionamento sadio. Todavia, o envolvimento de ambos fora muito longe. Algum tempo depois, sob enorme angústia moral, Elisa abandonou a casa, sem coragem de lhe lançar ao rosto qualquer acusação. Com o passar do tempo, o fato perdeu a importância, tornando-se um acontecimento acidental da existência humana.

No entanto, ali, o episódio ressurgia vivo frente aos olhos de André. À sua frente encontrava-se Elisa vencida e humilhada. Por onde vivera a mísera criatura, tão cedo atirada ao sofrimento? De onde vinha?

Nesse caso, não tinha com quem dividir a culpa. Tremia envergonhado perante aquelas lembranças. Como menino ansioso de perdão pelas faltas cometidas, procurou a orientação de Narcisa.

A enfermeira endereçou-lhe um olhar de compreensão e o interrompeu quando a confissão se lhe tornava mais penosa. Disse adivinhar o final daquela história. Não se entregasse a pensamentos destrutivos. Se o Senhor permitiu que reencontrasse aquela irmã, é que já o considerava em condições de resgatar a sua dívida. Procurasse aproximar-se dela, reconfortando-a. Todos nós encontramos no caminho os frutos do bem e do mal que semeamos. Isso não era teoria, mas realidade universal. Não se identificasse por enquanto.

A experiente servidora examinou as energias que envolviam a paciente, detectando, nela, sinais que caracterizavam as mães fracassadas e as mulheres de ninguém.

André aproximou-se, utilizando a palavra confortadora. Elisa identificou-se, dando o próprio nome e prestou outras informações. Fora recolhida às Câmaras de Retificação havia três meses. O interlocutor, para punir-se, perguntou detalhes sobre as dolorosas experiências pelas quais a enferma passara.

A infeliz, modificada moralmente, contou que fora uma mulher tresloucada, que trocou o trabalho honesto pela ilusão. Em seu tempo de mocidade, sendo muito pobre, foi trabalhar na casa de rico comerciante. Seu patrão tinha um filho, de sua idade, com quem estabeleceu larga intimidade. Sabia que não poderia esperar nenhum ato de responsabilidade por parte de seu parceiro.

Algum tempo depois, ao sair dali, entregou-se ao desregramento. Inicialmente, conheceu o prazer, o luxo, o conforto material e, em seguida, a sífilis, o hospital, o abandono, as tremendas desilusões que lhe cegaram os olhos e a levaram à morte. Errara, muito tempo, em terrível desespero, mas, certo dia, implorou pelo amparo da Mãe de Jesus, sendo recolhida pelos mensageiros de luz àquela casa de consolação.

André perguntou-lhe como chamava o rapaz que a conduzira ao meretrício. Elisa pronunciou-lhe o nome e de seus pais. Angustiado com a confirmação, perguntou se ela odiava aquela pessoa. A mulher sorriu tristemente e respondeu que, antes, amaldiçoava-o, nutrindo por ele ódio mortal. Mas a enfermeira modificara seu pensamento. Disse a ela que, para odiá-lo, tinha que odiar a si mesma, pois a culpa era de ambos. Então entendeu que não podia recriminar ninguém.

André estava sensibilizado. Tomou a mão da doente, sobre a qual deixou cair uma lágrima de arrependimento. Disse que também se chamava André e que iria ajudá-la. Contasse com o seu devotamento de amigo, que doravante a considerava como sua irmã do coração.

A sofredora sorriu. Estava agradecida, pois há muitos anos ninguém se dirigia a ela daquele modo tão familiar. Sentia o consolo da amizade sincera. Abençoou-o. Desde então, nosso amigo nunca mais perdeu de vista a pobre Elisa, encaminhando-a, de maneira indireta, a melhores tentativas.

Visitando outra esfera

Naquele primeiro dia de trabalho, os serviços prosseguiram incessantemente. Enfermos exigindo cuidados, perturbados reclamando dedicação. Ao cair da noite, André já se integrara ao serviço de passes, aplicando-os aos necessitados de toda sorte.

Na manhã seguinte, estava extenuado. Então aceitou a oferta de um apartamento de repouso, ao lado das Câmaras de Retificação.

Recolhido ao quarto confortável, orou a Deus, agradecendo a bênção de ter sido útil. Cansado, que estava, foi logo vencido pelo sono. Uma sensação de leveza invadiu-lhe a alma e teve a impressão de ser levado a regiões desconhecidas, por um pequeno barco, dirigido por um homem silencioso. Nosso amigo maravilhava-se com as belezas do caminho. Subindo sempre, deparou-se com uma espécie de porto, onde alguém o chamou com carinho especial.

André desembarcou rapidamente, reconheceu a voz de sua mãezinha. Logo depois, a abraçava, cheio de alegria. Juntos, alcançaram um magnífico bosque, onde as flores conseguiam reter luz, produzindo uma inigualável festa de perfume e cor. Tapetes dourados e luminosos se estendiam sob as grandes árvores.

O sonho não era como o que se verifica na Terra. André sabia que deixara o corpo inferior no leito, e tinha completa consciência de sua atuação em outro plano. Percebia que até mesmo as suas emoções eram mais intensas, pois suas impressões de felicidade e paz eram incomparáveis.

Sua mãe disse que rogara a Jesus que permitisse a ela a satisfação de tê-lo ao lado, em seu primeiro dia de trabalho útil. Afirmou que o trabalho é tônico divino para o coração. Aconselhou-o a converter toda a oportunidade de vida em motivo de atenção a Deus. Se nos círculos inferiores o prato de sopa ao faminto, o bálsamo ao enfermo, o gesto de amor ao desiludido, são serviços divinos, ali, igualmente, o olhar de compreensão ao culpado, a promessa evangélica aos desesperados, a esperança ao aflito, também constituem bênçãos que o Senhor observa e registra a nosso favor. Aconselhou-o a não esquecer de dar de si mesmo, em tolerância construtiva, em amor fraternal e divina compreensão, pois a prática do bem exterior é um ensinamento e um apelo, para que cheguemos à prática do bem interior. Que ele não se envergonhasse de amparar os chaguentos e esclarecer os loucos que penetrassem as Câmaras de Retificação. Sempre que pudesse, esquecesse o entretenimento e buscasse o serviço útil.

André queria falar alguma coisa, mas as lágrimas de emoção embargavam-lhe a voz. Sua mãe, compreendendo a situação, continuou dizendo que, em todas as colônias, a base de remuneração era o bônus-hora, porém essa era uma remuneração exterior. Nesse tipo de bonificação podia haver erros, pois somos falíveis. Mas o conteúdo espiritual do trabalho pertencia a Deus. Era por essa razão que o Altíssimo concedia a sabedoria ao que gastava tempo em aprender e dava mais vida e alegria aos que sabiam renunciar.

A nobre senhora calou-se. Tomou o filho nos braços e o afagou carinhosamente. Como menino, que adormece após a lição, perdeu a consciência de si mesmo, despertando mais tarde nas Câmaras de Retificação. Experimentava indefinível sensação de alegria. O contato materno, as belas recomendações relativas à prática do bem, enchiam-lhe o espírito de sublime conforto.

A palestra de Veneranda

André ficou sabendo que a Ministra Veneranda, da Regeneração, ia fazer uma conferência, logo após a oração vespertina. Interessado, pediu permissão para participar do evento. Tobias o autorizou e, na hora aprazada, seguiu na companhia de Narcisa e Salústio, ambos trabalhadores da Regeneração.

André quis saber mais sobre a Ministra e foi informado de que ela era uma das mais elevadas criaturas de Nosso Lar. Os outros onze Ministros da Regeneração sempre a ouviam, antes de tomar alguma providência de vulto.

Há quarenta anos, iniciara um projeto para criar "salões naturais" no Bosque das Águas. Além disso, organizara deliciosos recantos em toda parte. Os empreendimentos mais surpreendentes eram os ambientes destinados aos serviços de educação.

No Grande Parque, além dos caminhos para o Umbral ou a cultura de vegetação, destinada aos sucos alimentícios, a Ministra criou "salões verdes". Entre as grandes fileiras de árvores, fez construir recintos de maravilhosos contornos para as conferências dos Ministros da Regeneração, outros para Ministros visitantes e estudiosos em geral.

O mais belo recinto do Ministério era reservado às palestras do Governador. A Ministra sabia que ele estimava as paisagens de gosto helênico e decorou o salão à moda grega antiga com pequenos canais de água fresca, pontes graciosas, lagos minúsculos, pequenos palanques de arvoredo e abundante vegetação. Cada mês do ano mostrava cores diferentes, uma vez que as flores se renovavam a cada trinta dias. O mais belo aspecto fora reservado ao mês de dezembro, em comemoração ao Natal de Jesus. A maioria dos forasteiros, que se hospedava em Nosso Lar, costumava visitar o "palácio natural", que acomodava confortavelmente trinta mil pessoas.

Cada "salão natural" era mobiliado com bancos e poltronas esculturados na substância do solo, forrados de relva tenra. A conservação de tudo exigia trabalhos constantes, mas a beleza dos quadros representava vasta compensação.

Veneranda tinha múltiplas atribuições, sendo considerada, pela Governadoria, uma das mais dignas colaboradoras de Nosso Lar. Possuía o maior número de horas de serviço na colônia e era a figura mais antiga do Governo. Permanecia em tarefa ativa, naquela cidade, há mais de duzentos anos.

Ali, com exceção do Governador, Veneranda fora a única que vira Jesus nas Esferas Resplandecentes, mas nunca comentara esse fato de sua vida espiritual, esquivando-se em informar a esse respeito. Quatro anos antes, Nosso Lar recebera uma comissão representante das Fraternidades de Luz, que rege os destinos cristãos da América. Homenageava Veneranda, conferindo-lhe a Medalha de Serviço. Na colônia, só ela recebera semelhante dádiva, pois apresentava um milhão de horas de trabalho útil, sem interromper, sem reclamar e sem esmorecer. Naquela ocasião, a Ministra chorou em silêncio. Em seguida, entregou o troféu aos arquivos da cidade, afirmando que não o merecia e transmitiu-o à coletividade, apesar dos protestos do Governador.

A extraordinária mulher poderia habitar esferas mais altas. Intimamente vivia em zonas superiores, mas permanecia ali movida pelo espírito de amor e sacrifício. Trabalhava há mais de mil anos, esperando, com paciência, que despertassem corações bem-amados que ainda se prendiam à Terra.

O salão da Ministra também era esplêndido. Grandes bancos de relva acolhiam confortavelmente os ouvintes. Flores variadas brilhavam iluminadas à luz de belos candelabros, exalando delicados perfumes. Havia mais de mil pessoas na assistência.

Eis que Veneranda penetrou o recinto, espalhando, com simples presença, enorme alegria em todos os semblantes. Não mostrava a fisionomia de uma velha, como sugeria seu nome, mas o semblante de nobre senhora cheia de simplicidade, sem afetação.

Informou que seria breve e iniciou a palestra dizendo que muitos se surpreendiam ao encontrarem, naquele plano, a habitação, o utensílio e a linguagem terrestres. Essa realidade, contudo, não devia surpreender a ninguém. Não podiam esquecer que, até então, viviam aprisionados aos velhos círculos da incompatibilidade vibratória, por insubmissão às Leis Universais. Por isso, não podiam comparar-se aos irmãos mais sábios, próximos do Divino. Sendo entidades a viver nos caprichosos "mundos inferiores" do "eu", nada mais natural que encontrassem, naquela esfera, formas similares às do planeta. Tudo isso se dava graças à criação mental, porque o pensamento é a linguagem universal.

Não bastava uma existência, ainda que secular, no orbe terrestre, para aspirarem à posição de cooperadores divinos, para herdarem um plano mais elevado. Sabendo que o pensamento é a força essencial, deviam admitir que vinham viciando essa força através dos milênios. Ora, cada espírito era compelido a manter e nutrir as próprias criações. Uma ideia criminosa gerava criações mentais da mesma natureza; um princípio elevado obedecia a mesma lei. Esse tipo de criação mental constituía a bagagem de cada um. O pensamento era força viva, em toda parte; era atmosfera criadora que envolve o Pai e os filhos, a Causa e os Efeitos, no Lar Universal. Nele, transformavam-se os homens em anjos, a caminho do céu, ou se faziam gênios diabólicos, a caminho do inferno.

Aprendessem, finalmente, que o pensamento é a base de todas as mensagens silenciosas da ideia, nos maravilhosos planos da intuição, entre os seres de todas as espécies. Possibilita o intercâmbio mental entre encarnados e desencarnados. Seria possível, portanto, que uma pessoa que tivesse vivido exclusivamente na França pudesse se comunicar no Brasil, pensamento a pensamento, dispensando a forma verbal, desde que houvesse absoluta pureza mental entre o emissor e o receptor. Porém, essa era uma exceção. Nosso Lar era uma cidade espiritual de transição, onde poucos se preparavam para ascender às esferas superiores, e muitos para retornar à Terra em serviços redentores.

Veneranda respondeu algumas questões, revelando amor e compreensão, delicadeza e sabedoria. E, sem qualquer solenidade, findou a palestra com uma pergunta graciosa.

Segundas núpcias

Tobias convidou André para conhecer a sua residência. Convite, este, aceito com prazer, pois nosso amigo fazia seus primeiros contatos na esfera dos trabalhadores de Nosso Lar. Chegando lá, Tobias apresentou-lhe duas senhoras, uma já idosa e outra um pouco mais nova. Eram Luciana e Hilda, criaturas muitos afáveis, que se desfizeram em gentilezas.

André examinou volumes maravilhosos na famosa biblioteca de Tobias. Conheceu também o belíssimo jardim, onde imponentes caramanchões estavam plantados num tapete de violetas e hortênsias.

À mesa, saborearam leve refeição, quando o dono da casa começou a contar a sua surpreendente história. Fora casado duas vezes. Luciana e Hilda tinham sido suas esposas na Terra. O fato aguçou a curiosidade de André, pois havia milhões de pessoas, nos círculos do planeta, que contraíram segundas núpcias. Como resolver tão alta questão afetiva? Se a morte do corpo transforma sem destruir e se os laços da alma prosseguem através do infinito, como proceder?

A senhora Hilda, então, tomou a palavra e começou a relatar a sua história. Ela e Tobias se casaram, quando eram muito jovens, pois eram almas ligadas, afins. Fora grande a ventura do casal. Todavia, ela desencarnou ao dar à luz o segundo filhinho. Grande foi o desespero. Tobias chorava sem consolação, também ela não encontrava forças para sufocar a própria angústia. Permaneceu, então, agarrada ao marido e aos dois filhinhos, surda a toda tentativa de esclarecimento por parte dos amigos espirituais.

A falta de Hilda ocasionou muitos desajustes no lar. A tia solteira não tolerava os sobrinhos, a cozinheira apenas fingia dedicação, e as babás também não se mostravam responsáveis.

Depois de um ano, Tobias resolveu casar-se pela segunda vez, desposando Luciana. Hilda não aceitou a nova situação. Revoltada, lutava com a rival na tentativa de expulsá-la do lar, que ainda julgava seu. Até o dia em que recebeu a visita providencial de sua avó, desencarnada há muitos anos. A velhinha chegou como quem nada quer e colocou-a no colo, como noutro tempo. Conversou com ela, fazendo-a entender que Luciana servia de mãe de seus filhinhos, era criada de sua casa, jardineira de seu jardim, por vezes, suportava o mau humor de seu marido. Por que a moça não poderia assumir o lugar provisório de companheira ao lado dele? Era assim que agradecia os serviços prestados e agradecia a quem a servia? Hilda, então, entendeu a necessidade de vencer o ciúme inferior, e se deixou conduzir pela boa velhinha, indo residir em Nosso Lar.

Desde então, passou a entender a situação de Luciana e a considerá-la como se fosse sua própria filha. Tornou-se uma verdadeira protetora do lar terreno, trabalhando, consagrando-se ao estudo sério e ao melhoramento moral, de si mesma, ajudando a todos sem distinção. A família nova, que Tobias constituíra, passou a pertencê-la, igualmente, pelos sagrados laços espirituais.

Quando Tobias e Luciana retornaram ao plano espiritual, permaneceram todos unidos. Construíram um novo lar, na base da fraternidade legítima, graças ao espírito de amor e renúncia de Hilda.

Luciana aprendeu que há casamento de amor, de fraternidade, de provação, de dever, o que também a ajudou a se libertar do ciúme. Que o matrimônio espiritual realiza-se alma com alma, sendo o caso de Tobias e Hilda. Que os demais casamentos representam conciliações para a solução de necessidades ou processos retificadores. Finalmente, aprendera que, se Tobias a desposara, viúvo, esse casamento só podia ser uma união fraternal.

André perguntou como se processava o casamento no plano espiritual. Tobias respondeu que deve ser pela combinação vibratória, ou seja, pela afinidade máxima e completa.

Sem querer ser impertinente, André quis saber como ficava a situação de Luciana. Hilda o tranquilizou. Informou-lhe que Luciana estava em pleno noivado espiritual. Seu companheiro, de várias etapas terrenas, regressara ao círculo carnal. No próximo ano, Luciana também reencarnaria. Provavelmente, casar-se-iam na cidade de São Paulo. Este, sim, seria um casamento de almas, cuja união ninguém poderia quebrantar.

André saiu dali agoniado. Não contava encontrar semelhante ocorrência. O caso impressionara-o profundamente. Pensava em seu lar terrestre e avaliava quão difícil seria para ele tal situação. Sentiu-se tão preocupado que resolveu ouvir a opinião da senhora Laura, a quem devotava confiança filial.

Assim que os jovens se ausentaram, a caminho de entretenimento, expôs à generosa amiga o problema que o apoquentava.

Laura sorriu e informou que são inumeráveis os casos,

similares à situação de Tobias, ali, como em outros núcleos espirituais. Percebendo que seu interlocutor estava chocado, a nobre senhora disse que, do ponto de vista propriamente humano, essas coisas davam para escandalizar; entretanto, era necessário raciocinar sob princípios espirituais.

André perguntou se aquela era uma regra geral. Todo homem e toda mulher, que tivessem casado mais de uma vez, estabeleciam ali o núcleo doméstico, habitando juntos? Laura esboçou um largo gesto de paciência e explicou que, no caso de Tobias, houve a vitória por parte de três almas interessadas na aquisição de justo entendimento. Aqueles que não se adaptam à lei de fraternidade, não conseguem atravessar as fronteiras da colônia. Enquanto não entenderem a verdade, sofrerão o império da mentira e, consequentemente, não poderão adentrar as zonas de atividade superior. São incontáveis as criaturas que padecem longos anos, no Umbral, sem qualquer tipo de alívio espiritual, simplesmente porque não se rendem à fraternidade legítima.

Laura fez uma pausa. Depois tornou à conversação. Disse que a experiência do casamento era sagrada aos seus olhos. Para quem interessasse a iluminação com o Cristo, deveria entender que não só a experiência do casamento, mas toda experiência de sexo, deveriam ser respeitadas por afetarem profundamente a vida da alma.

André corou. Sempre considerara a esposa como um objeto sagrado, porém não tinha a mesma consideração pela mulher do próximo.

A nobre senhora percebeu-lhe a perturbação íntima e continuou a conversação. Explicou que onde há necessidade de acerto, deve haver lugar para muita compreensão e respeito à misericórdia divina, que sempre oferece oportunidade de justas reparações. Toda experiência sexual da criatura, que já recebeu alguma luz no espírito, é acontecimento de enorme importância. Por isso, todo trabalho de salvação deve ser precedido pelo entendimento fraterno. Os religiosos do mundo precisavam saber que a caridade, para ser divina, precisava apoiar-se na fraternidade.

André percebeu que já não se preocupava com a situação de Tobias, nem com as atitudes de Hilda e Luciana. Conseguiu entender que, numa simples visita, encontrara um caso de vitória da solidariedade, por parte de três almas interessadas na aquisição de justo entendimento. Sentia-se, apenas, impressionado com a importante questão da fraternidade humana.

A guerra

Logo que André foi morar na casa de Lísias, presenciou um impressionante apelo através da televisão, num programa da Emissora do Posto Dois de "Moradia". O apresentador solicitava voluntários para trabalharem na preservação do equilíbrio moral do globo terrestre. Segundo ele, era necessário intervir nas zonas de ligação das forças do Umbral com a mente humana. Negras falanges da ignorância, que já haviam induzido focos de guerra na Ásia, passaram a cercar as nações europeias, impulsionando-as a ações criminosas. Forças tenebrosas do Umbral penetravam em todas as direções, respondendo ao apelo das tendências mesquinhas do homem. Havia benfeitores devotados, lutando com sacrifícios em favor da paz internacional, porém os governos ofereciam escassas possibilidades de colaboração. Dispensavam a negociação e caminhavam para uma guerra de grandes proporções. Por esse motivo, aquele núcleo pedia o apoio fraterno e o auxílio possível para o trabalho de higienização espiritual nos círculos mais próximos da Terra.

Ouviu-se uma música suave e, logo depois, o apresentador continuou a irradiar o apelo da colônia em benefício da paz na Terra. Pedia que fosse evocado o amparo das Fraternidades de Luz, que presidiam aos destinos da América. Implorava a cooperação para preservar os milenários patrimônios da evolução terrestre. Convocava a todos contra o assédio das trevas, movimentando a resistência do bem.

Nessas alturas, Lísias desligou o aparelho e enxugou discretamente uma lágrima.

André estava apavorado com a notícia. Não bastara o sangue derramado na última grande guerra?

O amigo, então, explicou que nos anos que André permanecera no Umbral, muitos acontecimentos culminaram numa angustiosa situação do mundo. Estavam em agosto de 1939 e tudo indicava que o planeta se encontrava na iminência de tremendas batalhas. Apesar do pesado esforço, os irmãos de "Moradia" lançavam aquele apelo em vão. Não havia escapatória, a humanidade terrestre pagaria, em dias próximos, o terrível preço em sofrimento. A situação geral era muito crítica. Para atender às solicitações de "Moradia" e de outros núcleos, houve numerosas assembleias. Mas o Ministério da União Divina esclareceu que a humanidade carnal, como personalidade coletiva, precisava passar por essa provação. As Nações nutriram-se de orgulho criminoso, vaidade e egoísmo feroz, experimentando a necessidade de expelir os venenos fatais.

Dias depois, já trabalhando nas Câmaras de Retificação, André ficou sabendo que muitos dos auxiliares mais fortes haviam sido requisitados para garantir os serviços da Comunicação nas esferas da crosta, em vista das nuvens de treva que envolviam o mundo dos encarnados.

Nos primeiros dias de setembro de 1939, comentava-se em Nosso Lar os empreendimentos bélicos em perspectiva. Era a guerra europeia, tão destruidora nos círculos da carne, quão perturbadora no plano do espírito. Não era possível disfarçar o imenso terror que acompanhava tais comentários, por esse motivo, o Governador recomendou que todos tivessem cuidado na esfera do pensamento, preservando-se de qualquer inclinação menos digna na ordem dos sentimentos.

Os espíritos superiores, naquelas circunstâncias, passaram a considerar as nações agressoras não como inimigas, mas como desordeiras, cuja atividade criminosa era preciso reprimir. Nos acontecimentos daquela natureza, os países agressores convertiam-se em núcleos poderosos de centralização das forças do mal. Sem se prevenirem dos perigos enormes, esses povos, com exceção dos espíritos nobres e sábios, embriagavam-se ao contato dos elementos perversos, que invocavam das camadas sombrias. Enquanto os bandos escuros apoderavam-se da mente dos agressores, os agrupamentos espirituais da vida nobre movimentavam-se em auxílio aos agredidos.

Assim que as primeiras bombas foram detonadas, ao entardecer, André encontrava-se nas Câmaras de Retificação, junto de Tobias e Narcisa. Inesperadamente, inesquecível clarim se fez ouvir por mais de um quarto de hora em Nosso Lar. Profunda emoção invadiu a todos. Narcisa explicou que esse instrumento era usado por espíritos vigilantes, de elevada expressão hierárquica. Tratava-se da convocação superior aos serviços de socorro à Terra. A Segunda Guerra Mundial irrompera e esse era sinal de que o confronto prosseguiria, trazendo terríveis sofrimentos ao espírito humano. Embora distante, toda a vida psíquica americana tinha sua origem em solo europeu. Haveria grande trabalho para preservar o Novo Mundo.

Ao ouvir toque de tamanha significação, milhares de entidades saíram em busca de informações e esclarecimentos. Dirigiam-se ao Ministério da Comunicação, à procura de notícias. Foi quando alguém subiu em uma sacada de grande altura. Era o Ministro Espiridião que pedia a atenção de todos. Assim que a multidão asserenou-se, o Governador, dirigiu-se ao povo, através de vários alto-falantes. Aconselhou a população a não se entregar aos distúrbios de pensamento ou da palavra, pois a aflição nada constrói e a ansiedade não edifica. Todos deveriam atender a Vontade Divina no trabalho silencioso, em seus postos.

No domingo imediato à visita do clarim, o Governador realizaria o culto do Evangelho no Ministério da Regeneração. O objetivo essencial, de sua presença ali, era a preparação de novas escolas de assistência no Auxílio e núcleos de adestramento na Regeneração. Segundo Narcisa, era necessário determinar elementos para o serviço hospitalar urgente, bem como exercícios adequados contra o medo. André estranhou a observação. A velha amiga explicou então que, nessas ocasiões, elevada porcentagem de existências humanas é estrangulada pelas vibrações destrutivas do terror, que é tão contagioso como qualquer moléstia de perigosa propagação. O medo podia ser classificado como um dos piores inimigos da criatura, por alojar-se na cidadela da alma, atacando as forças mais profundas.

Na véspera da visita do Governador, toda a vida social da Regeneração convergiu para o grande salão natural, desde o raiar do dia de domingo. André participou do trabalho de limpeza e ornamentação do salão consagrado ao chefe maior da colônia.

Às dez horas, chegou o Governador acompanhado pelos doze Ministros da Regeneração. Sentando na tribuna, o ancião de cabelos em neve ouviu o coro de vozes infantis, acompanhadas por harpas harmoniosas. Em seguida, o velhinho amorável abriu um livro luminoso, que era um exemplar do

Evangelho de Jesus, e leu em voz pausada: " E ouvireis falar em guerras e de rumores de guerras; olhai, não vos assusteis, porque é mister que tudo isso aconteça, mas ainda não é o fim. Palavras do Mestre em Mateus, capítulo 24, versículo 6."

A seguir, o Governador orou comovidamente e comentou a passagem evangélica revelando veneração às coisas sagradas.

Finalizando, dirigiu o seu apelo pessoal, aos servidores da Regeneração. Esclareceu que quando as forças das sombras agravam as dificuldades das esferas inferiores, é imprescindível acender novas luzes que dissipem, na Terra, as trevas densas. Consagrara aquele culto a todos os servidores daquele Ministério por ainda trazerem nas sandálias a poeira do mundo, procurava neles a coragem e o espírito de serviço para eleger uma gigantesca tarefa. Convocava trinta mil trabalhadores para atuarem na defesa das fronteiras vibratórias, entre a colônia e os planos inferiores. Era uma medida preventiva, que visava proteger aquela morada espiritual e garantir o trabalho espiritual ali realizado.

As crianças cantaram novamente o hino intitulado "A Grande Jerusalém". O Governador desceu da tribuna sob vibração de grande esperança. Foi quando uma chuva de pétalas de rosas azuis tocou a fronte dos presentes, enchendo-lhes o coração de intensa alegria.

Comentavam-se os acontecimentos. Centenas de companheiros se ofereciam para os árduos trabalhos da defensiva, correspondendo ao apelo do chefe espiritual. André também quis se engajar, porém um amigo o aconselhou a continuar o seu trabalho nas Câmaras de Retificação. Na retaguarda também haveria necessidade de enorme número de trabalhadores, pois grandes seriam os claros a preencher.

Lísias veio ao encontro de André e o convidou a conhecer o Ministro Benevenuto, da Regeneração. Ele visitara a Polônia e chegara há dois dias. Minutos depois, estavam no grande recinto verde consagrado ao trabalho daquele Ministro. Foram recebidos cortesmente pelo homem e inseridos na conversação. Discutiam a situação da esfera terrestre. Benevenuto narrou sua experiência. Acostumados ao serviço de paz na América, os visitantes não imaginavam o que fosse o trabalho de socorro espiritual nos campos da Polônia. Não podiam contar com as claridades da fé nos agressores, nem tampouco na maioria das vítimas, que se entregavam totalmente a penosas impressões. Os encarnados não os ajudavam, nunca vira tamanhos sofrimentos coletivos.

Era extraordinária a capacidade de resistência dos abnegados servidores espirituais que ali se encontravam em serviço. Todas as tarefas de assistência imediata funcionavam perfeitamente, num ambiente saturado por vibrações destruidoras. O campo de batalha, invisível aos encarnados, parecia um verdadeiro inferno de incríveis proporções. Estratégia cruel, bombas, metralhadoras, emanações pestilentas de ódio tornavam quase impossível qualquer auxílio. Muitos agressores, ao desencarnarem, dominados por forças tenebrosas, fugiam do auxílio fraterno. Não havia outro recurso senão deixá-los nas trevas, onde seriam compelidos a reajustar-se, dando abertura a pensamentos dignos. As missões recolhiam apenas os que se achavam predispostos a receber socorro elevado.

Alguém observou que era incrível que a Europa, com tantos patrimônios culturais, tivesse se atirado em semelhante calamidade.

O Ministro esclareceu que faltava preparação religiosa. Não bastava ao homem a inteligência apurada, era necessário iluminar o raciocínio para a vida eterna. O espiritismo era a grande esperança por ser o Consolador da humanidade, mas sua marcha era muito lenta. A maioria dos homens ainda não possuía os "olhos de ver". Muitos procuravam esta religião, copiando os velhos vícios religiosos. Queriam vantagens, sem dar nada em troca, conhecimento sem responsabilidades, procuravam o fenômeno sem qualquer mudança moral.

Também a guerra atendia aos imperativos da Lei de Ação e Reação, era a fatal consequência. Como diriam os Ministros da União Divina: "a humanidade carnal, como personalidade coletiva, está nas condições do homem que devorou excesso de substâncias no banquete comum. A crise orgânica é inevitável. Nutriram-se várias Nações de orgulho criminoso, vaidade e egoísmo feroz. Experimentavam a necessidade de expelir venenos letais."

Abnegação materna

Quando André estava internado no parque hospitalar, estranhava a falta de visitas. Um dia, não pôde se conter e perguntou a Lísias sobre a possibilidade de encontrar aqueles que o haviam antecedido na morte do corpo físico. Afinal, seus pais e muitos amigos partiram antes e não havia notícias sobre nenhum deles. O enfermeiro disse que não era bem assim. Sua mãe o acompanhava dia e noite, desde que enfermara para deixar o corpo terrestre. Que, durante a sua permanência no Umbral, ela não mediu esforços, intercedendo, muitas vezes, em Nosso Lar. Rogou os bons ofícios de Clarêncio, que o visitava frequentemente. Foram anos de proteção imperceptível, até o dia em que, cansado de sofrer, abandonou o orgulho e orou com fervor, alterando sua posição receptiva. Clarêncio não tivera dificuldade em localizá-lo, atendendo aos apelos da carinhosa genitora da Terra, ele, porém, demorara muito a encontrar Clarêncio!

A mãe de André chorou de alegria, quando soube que ele rasgara os véus escuros, com o auxílio da prece. Ela não agia diretamente, porque não residia em Nosso Lar. Habitava esferas mais altas, onde trabalhava arduamente pelos sofredores.

Certo dia, Lísias lhe trouxe a notícia de que alguém tinha vindo visitá-lo. E foi com surpreendente alegria que viu sua mãe entrar de braços estendidos. Abraçou-se a ela, chorando de júbilo, experimentando os mais sagrados transportes da ventura espiritual. Beijava-a repetidamente, sentia-se criança novamente. Qual menino que procura detalhes, encontrava-a nos mesmos trajes caseiros, cabelos brancos como a neve, as rugas no rosto e o olhar calmo de todos os dias.

Em contato com a ternura materna, André sentiu que se lhe avivavam as feridas terrenas. Sentia, erroneamente, que sua genitora deveria continuar sendo o repositório de suas queixas e males sem fim. Do pranto de alegria, passou às lágrimas de angústia, revivendo os dolorosos trâmites terrestres. Sua mãe ouviu-o calada. Assim que ele deu uma pausa às lamentações, ela o advertiu carinhosamente. Disse-lhe que a dor não nos edifica pelo pranto que vertemos, mas pela porta de luz que oferece ao espírito, a fim de sermos mais compreensivos e humanos. Aconselhou-o a modificar a atitude mental. Energias vigorosas partiam do sentimento materno, vitalizando-lhe o coração dolorido. A palavra materna consolou-o, reorganizando-o interiormente. Inesperado contentamento banhou-lhe o espírito, passando a sentir-se outro, mais alegre, animado e feliz.

A mãe de André trazia notícias de seu pai. Contou que ele permanecia, há doze anos, numa zona compacta do Umbral. Na Terra, sempre parecera fiel às tradições de família, arraigado à posição do alto comércio e ao fervor do culto externo em matéria religiosa. Era, no entanto, fraco e mantinha ligações clandestinas fora do casamento. Ligara-se, por isso, a duas entidades pertencentes a uma rede de entidades maléficas. Assim que desencarnou, Laerte foi flagrado pelas desventuradas criaturas, a quem fizera muitas promessas. Quis reagir, porém o baixo padrão vibratório, a que se condicionara, não lhe permitia perceber a presença espiritual dos amigos e da esposa que tentavam assisti-lo. Refutou o quanto pôde as tentações, mas caiu vencido, enredado pela sombra, por falta de permanência no pensamento reto. Ela o acompanhava sempre, tentava atraí-lo ao bom caminho pela inspiração, mas as infelizes o distanciavam das boas resoluções.

Clara e Priscila, suas irmãs, também permaneciam no Umbral. A mãe afetuosa também precisava velar por elas. Antes, contava com a ajuda de outra filha, Luísa, que desencarnara quando André era muito pequeno. Luísa fora um braço forte no trabalho de amparo à família terrena. Mas precisara reencarnar, num supremo gesto de renúncia, dada a grande perturbação dos familiares ainda na Terra. Contava, então, com o restabelecimento de André, para assessorá-la nas atividades do grupo familiar.

No primeiro dia de trabalho útil, André teve o prazer de ser conduzido, em sonho, até o plano em que se encontrava a sua mãe. Desde então, de longe em longe, era visitado por ela.

Em setembro de 1940, foi a última vez que se avistaram, ela veio cientificá-lo que tomara novas resoluções. Voltaria à Terra. Explicou-lhe que, há muitos anos, vinha trabalhando para resgatar o marido, porém os seus esforços eram vãos. Ele não poderia continuar naquela dolorosa situação, pois corria o risco de mergulhar em abismos mais profundos. Não conseguira ajudá-lo à distância. Estudara detidamente o assunto, consultara superiores hierárquicos e não lhe restava outra alternativa senão reencarnar.

Na semana anterior, Laerte fora localizado na Terra, tentando fugir do assédio das mulheres, que o subjugavam. Aproveitando o distanciamento das perseguidoras, alguns amigos providenciaram seu imediato retorno à esfera da carne.

Ela seguiria logo. As irmãs obsessoras seriam recebidas como filhas, do casal, dali alguns anos. Num gesto extremo de renúncia receberia, em seu regaço materno, aquelas irmãs que se mancharam na lama da ignorância e da ilusão. Esperava que, no futuro, todos pudessem regressar a Nosso Lar, unidos pelo afeto, havendo conquistado a alegria, o amor e a união. Aquela anciã venerável não era tão somente a mãe de André. Era a mensageira do Amparo, que sabia converter verdugos em filhos, para que eles retomassem o caminho dos filhos de Deus.

A reencarnação de Laura

Não só a mãe de André iria reencarnar. A senhora Laura também esperava pela sua volta às experiências humanas. Esperava tão somente a chegada de sua filha Teresa, mãe de Eloísa. Pelo que sofrera, sua filha se recuperaria prontamente. Logo poderia transferir a ela suas obrigações no Auxílio e partiria sossegada.

Laura contou a André que vinha da cidade do Rio de Janeiro, onde fora casada com Ricardo. Ficara viúva muito jovem, enfrentando grandes dificuldades por dezoito anos.

Quando Ricardo retornou ao plano espiritual, passou por um certo período de perturbação e depois foi recolhido em Nosso Lar. Ali, mostrou-se um trabalhador incansável, preparando um recanto em que pudesse reunir a família.

A difícil situação, de mulher sem marido e com os filhos pequenos, exigira-lhe pesados testemunhos. Por outro lado, as dificuldades promoveram a união da família, desenvolvendo valores educativos nos filhos, que, desde cedo, tiveram de enfrentar o trabalho árduo.

Ao desencarnar, Laura reencontrou Ricardo. Estrearam a bela habitação, que ele preparara com carinho. Viveram felizes por anos. Com o passar do tempo, os filhos foram se unindo a eles: Lísias, Iolanda e Judite. A felicidade era plena.

De repente, Laura e Ricardo começaram a recobrar a memória do passado. No início, eram recordações vagas, que os perturbavam muito. Foi-lhes permitido o acesso aos registros de suas memórias, dos últimos trezentos anos, no Ministério do Esclarecimento. Ali, compreenderam a necessidade de volver à Terra para resgatar alguns débitos. Em razão disso, Ricardo havia reencarnado há três anos. Ela seguiria depois.

Laura estava pronta para volver à carne. As aplicações do Serviço de Preparação, no Ministério do Esclarecimento, haviam acabado. Pela proximidade da partida, muitos companheiros vieram prestar-lhe carinhosa homenagem. Sua residência encheu-se de música e luzes. Algumas famílias apareceram para cumprimentá-la, porém os amigos mais íntimos lá permaneceram até alta noite. A dona da casa estava mais circunspecta, não conseguia disfarçar a preocupação íntima. Os amigos tentavam reconfortá-la, dizendo que a vida na Terra não era um exílio amargoso. Além do mais, tinha o crédito de milhares e milhares de horas de serviço a seu favor, podendo contar com o apoio dos amigos espirituais.

A reencarnante argumentava que, ali, contava com as vibrações espirituais dos habitantes educados à luz do Evangelho e, ainda que as fraquezas subissem à tona dos pensamentos, encontravam a defesa natural do próprio ambiente. Na Terra, a boa intenção era como se fosse uma luz bruxuleante num mar imenso de forças agressivas.

O Ministro Genésio aconselhou-a a não dar tamanha importância às influências das zonas inferiores. Não pensasse nas possibilidades de fracasso; mentalizasse, sim, as probabilidades de êxito. Pensar no pior era armar o inimigo para que a torturasse. O campo de ideias era igualmente campo de luta. Toda luz que acendêssemos, na Terra, ali ficaria para sempre, porque a ventania das paixões humanas jamais apagaria uma só das luzes de Deus.

Mais animada, a nobre senhora pareceu convencer-se. Compreendeu que é preciso aniquilar o mal e a treva dentro de nós mesmos, surpreendê-los em seu esconderijo, sem lhes dar a importância que exigem.

A palestra seguiu animada. O Ministro Genésio esclareceu que dentro do nosso mundo individual, cada ideia é como se fosse uma entidade à parte. Nutrindo os elementos do bem, constituirão os nossos exércitos de defesa; no entanto, alimentar qualquer elemento do mal é construir uma fortaleza para os nossos inimigos.

Comentou-se também que ela voltava à Terra com excepcionais créditos espirituais. O próprio Governador recomendou, aos técnicos da Reencarnação, o maior cuidado nos ascendentes biológicos que constituiriam o corpo físico de Laura. As palavras denotavam confiança e otimismo. Todos comentavam a volta à Terra como uma bendita oportunidade de aprendizado no bem.

Laura convidou André para uma reunião íntima na noite seguinte. O Ministério da Comunicação prometera a visita de seu esposo. Embora ele estivesse em fase de infância na Terra, poderia desprender-se dos laços físicos, conduzido por amigos.

Na hora aprazada, providenciaram um globo cristalino, dotado de material isolante, para que Ricardo falasse através dele. Esse contato poderia ser direto, porém, por precaução, optaram por esse meio, evitando emoções que pudessem perturbá-lo. Judite, Iolanda e Lísias tocaram piano, harpa e cítara, acompanhados pelas vozes femininas de Teresa e Eloísa. Cantaram linda canção, dedicada ao pai. O globo, então, apresentou a figura de um homem maduro. Era Ricardo. O manifestante saudou a esposa, que em breve ia reencarnar, e conversou brevemente com os filhos. Expressava a sua felicidade por poder se comunicar com a família e rogou o apoio dos filhos, sustentando-o nas lutas terrenas.

No dia seguinte, Laura disse um último adeus e partiu à esfera carnal em companhia do Ministro Clarêncio. Não levava consigo os bônus-hora, mas o lucro maravilhoso obtido no trabalho junto ao Ministério do Auxílio. Voltava à Terra investida de qualidades nobres, cercada por mentes amigas, que certamente a amparariam no justo resgate dos débitos, que lhe impuseram necessidade de nova encarnação.

Retornando ao lar

André passava os dias refletindo sobre a vida. Sabia que os benfeitores do Ministério do Auxílio eram excessivamente generosos com ele. E, ainda que o importunasse a grande ansiedade de rever o lar terrestre, abstinha-se de pedir novas concessões. Calava-se resignado e triste.

Quando o nosso amigo já possuía regular quantidade de horas de trabalho extra, depois do primeiro ano de colaboração ativa, o Ministro Clarêncio informou-o que acompanharia, pessoalmente, a senhora Laura à esfera carnal. Se quisesse, poderia seguir com eles e aproveitar uma semana em visita à sua família terrena.

André não titubeou. Nem mesmo quando vagueava confuso esquecera-se dos seus. Revê-los era tudo o que queria. Ébrio de alegria, chegou ao Rio de Janeiro como uma criança conduzida pelas mãos de benfeitores. A paisagem da cidade não se alterara muito. Ansioso, deu um último adeus à mãe de Lísias. Clarêncio prometeu visitá-lo diariamente durante aquela semana.

O nosso amigo procurou o caminho de casa, com o coração batendo descompassado no peito. Chegando lá, avançou para o interior, onde notou significativas mudanças. Sentiu falta dos antigos móveis de jacarandá e, especialmente, do grande retrato onde se via a família toda reunida. Foi então que se encontrou com Zélia, a ex-esposa. Gritou-lhe a sua alegria com toda a força dos pulmões, porém as suas palavras ecoaram em vão. Abraçou-se à amada, que parecia insensível ao seu gesto de amor.

Zélia estava nervosa, chorava e torcia as mãos. Foi, então, que André descobriu o motivo daquela preocupação. Ela confessava a um médico que não suportaria uma segunda viuvez. Ficou óbvio que Zélia contraíra segundas núpcias e seu atual esposo achava-se bastante enfermo.

André ficou desolado. Um corisco não o fulminaria com tamanha violência. Outro homem se apossara de seu lar, a casa não mais lhe pertencia, a esposa esquecera-o, valia a pena ter esperado tanto para passar por amargas desilusões?

Atordoado, dirigiu-se ao seu antigo quarto, verificando que o mobiliário havia sido trocado. No leito, estava um homem de idade madura, aparentando estar seriamente enfermo. Ao lado dele, três entidades trevosas se ocupavam em agravar-lhe o sofrimento.

André sentiu ímpetos de odiar o intruso, mas já não era o mesmo homem de outro tempo. Sentia-se tolhido e, depois de algumas horas de dolorosa observação, ressentiu-se ainda mais com os comentários que fizeram sobre a sua pessoa. Zélia reagiu quando uma das filhas disse sentir saudades do pai. Não proibira qualquer alusão a ele naquela casa? Não sabia que isso desgostava o atual esposo? Não fora à toa que vendera tudo quanto recordava o passado morto!

Nosso amigo compreendeu o motivo pelo qual haviam adiado tanto o seu retorno ao lar terreno. Angústias e decepções o atropelavam a todo instante, ouvindo estranhos conceitos e presenciando atitudes que jamais suspeitara.

À tardinha, Clarêncio veio vê-lo. Percebendo o abatimento do pupilo, disse compreender aquelas mágoas, entretanto aquela era uma excelente oportunidade de testemunho. Não esquecesse a recomendação de Jesus de que amássemos a Deus sobre todas as coisas e ao próximo como a nós mesmos. Isso sempre trazia milagres de felicidade e compreensão em nossos caminhos.

Depois que Clarêncio se despediu, André passou a refletir com mais serenidade. Por que condenar o procedimento de Zélia? E se ele fosse o viúvo, teria suportado tão longa solidão? E o pobre enfermo? Sua casa não estaria em piores condições se Zélia não tivesse casado novamente? Não podia proceder como o homem da Terra. Sua família não se restringia à parentela terrestre, mas se constituía de centenas de enfermos nas Câmaras de Retificação e estendia-se à comunidade universal.

Na segunda noite, ele estava cansadíssimo. Em Nosso Lar, atravessava vários dias em atividade, sem alimentação. Bastava-lhe a presença de amigos queridos, as manifestações de afeto, a absorção de elementos puros através da água e do ar; mas ali se encontrava em um escuro campo de batalha, onde os entes queridos se convertiam em verdugos. Os conselhos de Clarêncio fizeram-no compreender as necessidades humanas. Não era proprietário nem dono da ex-esposa e dos filhos, estes eram, sim, companheiros de lutas e realizações.

Lembrou-se de sua mãe que se sacrificara por seu pai, a ponto de adotar mulheres infelizes como filhas de seu coração. Nosso Lar estava repleto de exemplos edificantes. A Ministra Veneranda trabalhava há séculos pelo grupo espiritual a que estava ligada. Narcisa sacrificava-se nas Câmaras de Retificação, para ter condições de retornar ao convívio dos seus, em tarefa de auxílio. Na casa de Tobias, Hilda vencera o monstro do ciúme.

Então, André procurou não dar importância aos comentários desagradáveis e resolveu colocar os sentimentos divinos acima dos sentimentos pessoais. Passou a encarar os cônjuges como se fossem seus verdadeiros irmãos. Compreendia a necessidade de auxiliá-los, mas estava abatidíssimo.

Lembrou-se que lhe seria útil a ajuda de Narcisa. Como tivesse aprendido o poder da oração, rogou ao Pai, pedindo que a enfermeira viesse ao seu socorro. Contava-lhe, em pensamento, sua experiência dolorosa, sua necessidade e incapacidade de auxiliar. Aconteceu, então, o que não podia esperar. Passados vinte minutos, a boa velhinha chegou, atendendo ao seu pedido.

Narcisa analisou o ambiente e compreendeu a situação. Antes de tudo, aplicou passes de reconforto ao doente, isolando-o das entidades inferiores, que desapareceram imediatamente. Em seguida, informou ser necessário procurar os recursos na Natureza. Explicou que não só o homem pode receber fluidos e emiti-los. As forças naturais fazem o mesmo. Para o caso daquele enfermo, necessitavam o auxílio das árvores.

A enfermeira conversou com entidades, que denominou servidores do reino vegetal, e indagou da existência de mangueiras e eucaliptos. Devidamente informada, encontrou o que procurava, manipulando certa substância com as emanações daqueles vegetais.

De volta à casa, aplicaram, durante toda a noite, o remédio ao enfermo, através da respiração e da absorção pelos poros. A pneumonia cedeu e o doente apresentou melhoras sensíveis. Na manhã seguinte, o médico admirou tão extraordinária reação. Zélia estava feliz. Todos se descontraíram.

André experimentou grande júbilo na alma. Nesse dia, voltou a Nosso Lar em companhia de Narcisa. Pela primeira vez, experimentou a capacidade de volitação. A velha companheira explicou que, na colônia, muitos poderiam volitar, mas se abstinham em respeito à grande maioria que ainda não se encontrava em condições de fazê-lo. Nada, porém, impedia que utilizassem o processo longe da cidade, quando tinham que percorrer longas distâncias em pouco tempo.

André, instruído pela amiga, ia da casa terrestre à cidade espiritual e vice-versa, intensificando o tratamento do atual esposo de Zélia, o qual melhorava dia a dia. Clarêncio visitava-o diariamente, mostrando-se bastante satisfeito.

Ao fim da semana, o nosso amigo pôde presenciar a alegria entre aqueles cônjuges, que agora considerava como verdadeiros irmãos. Era preciso, porém, regressar aos deveres. Tomou o caminho de Nosso Lar. Naqueles sete dias, aprendera preciosas lições de compreensão e fraternidade. Engolfado nos novos pensamentos, surpreendeu-se com mais de duzentos companheiros, que vinham ao seu encontro. Todos o saudavam generosos e acolhedores. Foi, então, que o Ministro Clarêncio, surgindo à frente de todos, informou-o que, até aquele momento, André fora o seu pupilo. Doravante, em nome da Governadoria, declarava-o cidadão de Nosso Lar.

André não conseguiu reter as lágrimas de emoção. Com a voz embargada, lançou-se aos braços paternais de seu benfeitor, chorando de gratidão e alegria.

Os mentores de André

Em *Nosso Lar*, André Luiz relata a sua trajetória de espírito sofredor, em zona obscura, a cidadão da metrópole espiritual. Nesse aprendizado, foram muitos os que o auxiliaram, orientaram, participando ativamente no seu processo de reajustamento e adaptação ao plano espiritual. Nesse período, as pessoas, que mais o auxiliaram, foram sua mãe, Clarêncio, Lísias, Laura e Narcisa.

Sua mãe velou por ele, dia e noite, desde o momento em que adoeceu até o seu resgate, intercedendo por ele em Nosso Lar. Clarêncio o localizou e o acompanhou até que estivesse em condições de caminhar com os próprios pés. Lísias, o visitador de serviços de saúde, foi o seu fiel companheiro, no dia a dia, sempre disposto a esclarecê-lo, chegando a hospedá-lo, em sua casa, quando ele recebeu alta hospitalar. Laura o instruiu sobre os verdadeiros valores morais e acerca da vida na colônia. Narcisa, a devotada enfermeira das Câmaras de Retificação, ensinou-lhe o valor do trabalho e do amor incondicional.

Com exceção da mãe de André, que já retratamos, faremos uma breve exposição sobre essas pessoas, que não só participaram do crescimento espiritual de nosso amigo, mas que continuam ensinando, setenta anos depois, a todos os que se debruçam na fabulosa obra conhecida como *Nosso Lar*.

. Clarêncio .

Após vaguear por oito anos na inóspita região umbralina, André Luiz entendeu que, no desejo incontido de bem-estar, utilizara todos os bens da Terra em benefício exclusivo, sem atentar aos deveres de fraternidade. Ali, a consciência o acusava, entidades infelizes zombavam dele. As necessidades fisiológicas permaneciam sem modificação, sentia fome e sede naquela paisagem de horror. Em desespero, lembrou-se que deveria haver um Autor da Vida – Deus – e essa ideia o confortou. Abrindo mão do orgulho, pediu ao Pai que lhe estendesse as mãos compassivas. A prece durou horas, as lágrimas lavaram-lhe o rosto, todos os seus sentimentos estavam concentrados na oração fervorosa.

A prece mudou-lhe o padrão vibratório, permitindo uma visão mais dilatada. Pôde ver as neblinas se dissiparem, quando um velhinho simpático lhe falou: "Coragem, meu filho! O Senhor não te desampara." Ao se deparar com o inesperado benfeitor, André julgou-o um bondoso emissário dos Céus. Este, porém, olhou-o com olhos muito lúcidos, sorriu e se identificou: "Chamo-me Clarêncio, sou apenas teu irmão." E avaliando o esgotamento do paciente, chamou dois companheiros para o resgate necessário. Pouco depois, chegavam às muralhas da grande cidade, penetrando o portal de Nosso Lar.

Ao chegar o crepúsculo, todos os núcleos da colônia se reuniam para a prece em Nosso Lar. No parque hospitalar, numerosos circunstantes acompanhavam o serviço de oração por uma grande tela. A Governadoria reunia-se com os seus setenta e dois Ministros para os serviços da prece. Clarêncio se apresentava entre estes. Sua fisionomia, dentre os veneráveis companheiros, se fazia tocada de intensa luz.

Clarêncio não ostentava a sua posição elevada. Não obstante as frequentes ocupações, afetas ao Ministério do Auxílio, visitava regularmente o seu pupilo. Sentava-se no leito, ao seu lado, afagando-lhe os cabelos. André, muitas vezes, enveredava pelos caminhos da lamentação. Mas o mentor, usando palavras suaves, repletas de firmeza e energia, colaborava com o reerguimento do paciente. Afirmava que aquele que realmente deseja a cura espiritual, deve evitar falar excessivamente de si mesmo e não comentar a própria dor. Que é indispensável criar pensamentos novos e disciplinar os lábios, pois somente se conquista o equilíbrio aquele que abre o coração ao Sol da Divindade.

Restabelecido, André sentiu necessidade de movimentação e trabalho. Seu amigo e enfermeiro Lísias aconselhou-o a procurar o Ministro, pedir-lhe conselhos, uma vez que o ancião continuava interessado na recuperação do tutelado e tinha poderes para obter-lhe ingresso fácil em qualquer dependência. A audiência foi marcada para o dia seguinte. Clarêncio atendia primeiramente os assuntos urgentes. A recepção de visitas e solicitações vinha depois. As pessoas eram chamadas duas a duas. Utilizava tal processo de audiência de modo que os pareceres fornecidos a um dos interessados também servissem ao outro, poupando assim o tempo e atendendo os problemas de ordem geral. Uma senhora idosa acompanhou André, ela seria ouvida em primeiro lugar, por ordem de chegada.

Aquela mulher vinha solicitar recursos para proteger os filhos, que permaneciam em situação difícil no ambiente terrestre. O sábio ancião perguntou-lhe acerca das atividades que ela desenvolvera na Colônia. A mulher foi desfiando uma porção de desculpas. Estivera lotada em diversas repartições e não se adaptara a serviço algum. Recolhera-se, voluntariamente, aos Campos de Repouso. Não exercitara o bem, não renunciara, por isso, era incapaz de prestar socorro justo por si mesma.

Clarêncio esclareceu que, para ajudarmos alguém, precisamos de cooperadores, amigos, protetores, servos nossos. Para que qualquer um alcance a alegria de auxiliar os amados, faz-se necessária a interferência de muitos que tenhamos ajudado. Os que não cooperam não recebem cooperação. Como poderia ela receber colaboração se ainda não houvera semeado nem mesmo simpatia? Era necessário, pois, que se recolhesse e refletisse sobre o assunto tratado.

André, que presenciara tudo, já se arrependia por ter vindo. A energia serena do Ministro do Auxílio despertara-lhe raciocínios novos. Penetrara aquele recinto com o intuito de solicitar atribuições de médico, mas agora sentia que era presunção de sua parte. Sua consciência o aconselhava a não solicitar serviço especializado. Ali, não deveria repetir os erros humanos, onde a vaidade não tolera senão a atividade compatível com os títulos nobiliárquicos ou acadêmicos. Rogou, somente, que lhe fosse atribuído algum trabalho.

Clarêncio fitou-o longamente. Parecia identificar-lhe as intenções mais íntimas. Ponderou que, ao penetrar no templo da Medicina, o amigo fora um excelente fisiologista, mas fizera questão de circunscrever observações à esfera do corpo físico. Como poderia transformar-se, de um momento para o outro, em médico de espíritos enfermos? Afirmou, também, que não possuía apenas palavras amargas. Se ele ainda não podia exercer as funções de médico em Nosso Lar, oportunamente poderia assumir o cargo de aprendiz, pois eram confortadoras as intercessões em seu favor, tanto da parte de sua mãe como de alguns beneficiados, que receberam receituário gratuito quando encarnados.

Não se passaram muitos dias e André recebeu um chamado. O Ministro Clarêncio autorizava-o a fazer observações nos diversos setores de serviço, com exceção dos Ministérios de natureza superior. Entregou-lhe pequena caderneta que lhe daria acesso aos Ministérios da Regeneração, do Auxílio, da Comunicação e do Esclarecimento durante um ano.

Recebendo alta hospitalar, não podia mais permanecer na condição de paciente. O amigo Lísias informou ao Ministro que tencionava hospedar André em sua casa. Clarêncio endereçou-lhes um olhar de aprovação e aconselhou que André aplicasse bem o tempo, pois o interstício das experiências carnais deve ser bem aproveitado.

Um ano se passou. André sentia funda saudade do lar e, apesar de ter conhecido o prazer do trabalho e da atividade útil na Colônia, sentia-se angustiado. Clarêncio, que ia acompanhar o retorno de Laura à carne, convidou-o a visitar a Terra. Permitiu-lhe permanecer uma semana junto à sua família. Iria vê-lo diariamente.

A possibilidade de voltar ao lar deixou nosso amigo eufórico de tanta felicidade. Mas grandes mudanças o aguardavam! Todo o ambiente familiar estava mudado. Sua ex--esposa casara-se novamente, e chorava pelo consorte acamado. Sua memória fora banida do ambiente doméstico e só era lembrado por uma de suas filhas. Angústias e decepções surpreendiam-no a cada momento.

À tardinha do dia seguinte, Clarêncio foi visitá-lo. Ofereceu-lhe a palavra amiga e reta. Lembrou-o da passagem evangélica em que Jesus recomendava que amássemos a Deus sobre todas as coisas e ao próximo como a nós mesmos. Assegurou que, se nos lembrarmos disso, na oportunidade dos testemunhos, conseguiremos verdadeiros milagres de felicidade e compreensão em nossos caminhos.

Com o espírito asserenado, André passou a praticar um outro tipo de raciocínio. Pôs-se no lugar da ex-esposa e compreendeu que também não teria suportado prolongada solidão. Pôs-se no lugar do rival e se compadeceu de seu sofrimento. Já não podia proceder como um homem da Terra.

Foi então que se lançou ao trabalho para o restabelecimento do enfermo, contando com o auxílio da amiga Narcisa.

Clarêncio prosseguia na visita diária ao seu pupilo e mostrava-se satisfeito com o trabalho por ele desempenhado. Ao final da semana, o enfermo mostrava visíveis melhoras e André aprendera a estimar os familiares como verdadeiros irmãos. Estava na hora de partir. Regressando a Nosso Lar, André foi colhido por uma surpresa. Mais de duzentos companheiros vieram ao seu encontro. Foi então que o Ministro Clarêncio, surgindo à frente de todos, estendeu-lhe a destra e o proclamou, em nome da Governadoria, cidadão de Nosso Lar.

Aquele ancião venerável acompanhara André, desde a longa estada no Umbral. Resgatou-o, deu-lhe condições de estudo e trabalho, aconselhou-o, acompanhou-o e promoveu-o. André ficou emocionado e não conseguiu reter as lágrimas de reconhecimento. E, considerando a grandeza da Bondade Divina, agindo através daquele benfeitor, atirou-se aos seus braços paternais, a chorar de gratidão e alegria.

. Lísias .

Um jovem assomou à porta do quarto, onde André Luiz se recuperava. Identificou-se como Lísias, o visitador de saúde e enfermeiro, que trabalhava sob o comando do médico Henrique de Luna. Assistia, diariamente, oitenta pacientes, e acompanharia André enquanto este precisasse de tratamento.

O moço conversava com André, enquanto fazia curativos na zona intestinal e lhe aplicava passes magnéticos. Contou-lhe que, apesar dos cuidados, a cura somente se consuma quando se desfazem os germes nocivos, que se agregam ao corpo espiritual. Aquela contaminação tivera origem no descuido moral e no desejo de gozar mais que os outros. André desconhecia que os excessos levam o corpo físico a um colapso e que isso é considerado suicídio inconsciente. Diante de tão grandes noções de responsabilidade, quis se punir, declarando-se perverso. O enfermeiro aconselhou-o a calar-se, meditar no trabalho a fazer, pois no arrependimento verdadeiro era preciso aprender a falar, para construir de novo.

André sentia-se solitário, inadaptado ao novo ambiente. Lísias, o companheiro agradável de todos os dias, não lhe negava informações. Contou-lhe que sua mãe morava em esfera mais alta e que, a pedido dela, Clarêncio o visitava sempre, mas o resgate só foi possível quando o orgulhoso médico da Terra se afastou, para dar espaço ao filho dos Céus. No dia em que ele orou com fervor, quando compreendeu que tudo pertence ao Pai Amoroso, a sua posição receptiva modificou-se e ele ofereceu condições para ser resgatado.

Sabendo das fundas saudades dos parentes e do desejo de encontrar a mãe, Lísias recomendou que o paciente emitisse pensamentos corretos a respeito disso. Para realizar os nossos desejos, falou, necessitamos de três requisitos fundamentais: desejar, saber desejar e merecer, ou seja, vontade ativa, trabalho persistente e merecimento justo.

O novo amigo de André também lhe apresentou um mundo novo. Assim que o paciente apresentou melhoras, Lísias saiu com ele pela cidade. Andaram de aeróbus, veículo utilizado na colônia. Foram à Praça da Governadoria, onde o enfermeiro explicou-lhe a competência de cada um dos seis Ministérios, que convergiam àquele local. Conduziu-o até o Bosque das Águas, explanando sobre o sistema hidráulico da cidade. Ali, dissertou sobre o real valor da água.

André era curioso e, no desejo de adquirir conhecimentos, bombardeava o enfermeiro com perguntas. O outro ia discorrendo sobre a existência do Umbral, das Trevas. Segundo ele, havia esferas de vida por toda parte. A Terra era uma organização viva, possuidora de certas leis que nos escravizam ou libertam, segundo as nossas obras. Os corpos espirituais mais leves podiam ascender a zonas mais elevadas, enquanto os mais pesados eram atraídos ao interior do planeta. A alma esmagada por culpas não poderia emergir no lago maravilhoso da vida.

Assim que André se restabeleceu, foi esse amigo quem o incentivou a procurar Clarêncio, para que este o situasse em atividade útil. Também foi ele quem o hospedou em sua própria casa. Solícito, apresentou-lhe os vastos quarteirões do Ministério do Auxílio. Belos jardins, onde glicínias e lírios embalsamavam o ar com agradável perfume.

Na casa do anfitrião, André deparou-se com uma espécie de rádio. Quis saber se era possível conseguir notícias dos encarnados, obtendo resposta negativa. Lísias disse que, no passado, isso era comum, porém trazia muito desequilíbrio à colônia. Então, a favor da paz, esse tipo de transmissão foi abolido. Mas a falta de notícias não era tão severa. Pouco tempo depois, André assistiu um apelo de colônia espiritual vizinha, através de um televisor. O locutor pedia o auxílio de todos, pois nuvens negras assaltavam a mente da humanidade. Era a iminência da Segunda Guerra Mundial. Lísias enxugou uma lágrima, desligou o aparelho e contou que não havia como interferir. A situação geral era muito crítica, pois a humanidade carnal precisava expurgar os abusos cometidos.

O enfermeiro apresentou André ao Ministro Benevenuto, que chegara da zona de guerra da Polônia. As impressões colhidas eram as mais dolorosas. Não se podia esperar a claridade da fé nem nos agressores, nem nas vítimas. Jamais houvera tamanho sofrimento coletivo.

Para alegrar a reunião, Lísias dedilhou a cítara, fazendo com que todos lembrassem velhas canções da Terra. O ambiente estava agradabilíssimo. Questionado por André, o bondoso enfermeiro informou que, quando nos reunimos com quem amamos, ocorre algo confortador e construtivo em nosso íntimo. É a lei da vida. Tanto nos esforços do bem, quanto nos movimentos do mal, colhemos o que plantamos.

Dias depois, foram conhecer o Campo da Música. O parque parecia saído de um conto de fadas. Nas cercanias, presenciaram música ligeira, de gosto popular. Ao centro, porém, era tocada a música divina, a arte santificada. Ali, reunia-se a nata de Nosso Lar, que encantava pela espontaneidade e pelos diálogos de natureza elevada. Foi quando Lísias apresentou-lhe Lascínia, sua noiva.

Lísias e Lascínia já haviam fracassado muitas vezes na experiência material. Na Terra, o amor é uma espécie de ouro abafado nas pedras brutas. Os homens o misturam com necessidades, desejos e estados inferiores. No caso deles, todos os problemas, que tiveram, originaram-se da excessiva liberdade que se dava ao sexo masculino. Já na espiritualidade, os sentimentos são mais verdadeiros. Precisavam, pois, permanecer ali, enriquecendo o patrimônio de experiências. Em breve, fundariam uma casinha de felicidade, onde permaneceriam por volta de trinta anos.

. Elucidações de Laura .

Ao chegar no novo lar, André foi saudado gentilmente pela dona da casa. A senhora Laura abraçou-o e disse saber que a mãe dele não morava ali. Por essa razão, colocava-se na condição de uma irmã, com funções maternais. Aquela admirável mulher acreditava que ele não viera casualmente ao seu lar. Deviam estar entrelaçados em teia de amizade muito antiga. Por isso, recebeu-o e tratou-o como a um verdadeiro filho.

À mesa da casa, serviu-se um caldo reconfortante e frutas perfumadas. Laura contou a André que, ali, as refeições eram mais agradáveis que na Terra. Esse tipo de alimentação renovava as provisões de força, principalmente de quem despendia grande quantidade de energias, nos pesados trabalhos nas zonas dos Ministérios da Regeneração e do Auxílio. Tratava-se tão somente de um alimento físico, questão de materialidade transitória. Em Nosso Lar, algumas pessoas quase o dispensavam por completo, pois todo sistema de alimentação, nas variadas esferas da vida, tinham no amor a base profunda. A alma, em si, apenas se nutria do amor, por isso esse sentimento era considerado o cibo do Universo. Não foi à toa que Jesus nos ensinou que amássemos uns aos outros. Não se tratava de um preceito, objetivando somente a caridade. Aconselhava-nos a nos alimentarmos uns aos outros no campo da fraternidade e da simpatia.

A matrona informou que o lar terrestre se esforçava por copiar os institutos domésticos daquele plano. Na Terra, os cônjuges ainda estavam a capinar os terrenos dos sentimentos, invadido pelas ervas daninhas da vaidade pessoal, do ciúme e do egoísmo. Um orientador, versado em matemática, certa vez falou que o lar é como se fora um ângulo reto, nas linhas da evolução divina. A reta vertical era o sentimento feminino, envolvido nas inspirações criadoras da vida. A reta horizontal era o sentimento masculino, em marcha das conquistas do progresso comum. O lar era o sagrado vértice, onde o homem e a mulher se encontravam, para o entendimento indispensável. Porém, a maioria dos casais terrestres passava o tempo vivendo na indiferença ou no egoísmo feroz. Raros os que consideravam o lar como uma instituição essencialmente divina, onde se devia viver com todo o coração e a alma.

Em Nosso Lar, as almas femininas também não podiam

permanecer inativas. Era preciso aprender a ser mãe, esposa, missionária, irmã. Para as mulheres, existiam nobres serviços de extensão do lar. A enfermagem, o ensino, a indústria do fio, a informação, os serviços de paciência, representavam atividades expressivas. O homem devia aprender a trazer a riqueza de suas experiências para o ambiente doméstico, e a mulher precisava amenizar os ásperos labores do homem, sendo a inspiração dentro de casa.

Laura ficara viúva muito moça. Com filhos pequenos por criar, teve que enfrentar trabalhos rudes. Todavia, ao deixar o envoltório terreno, compreendeu que a existência laboriosa a livrara das indecisões e angústias do Umbral, por protegê-la de perigosas tentações. O suor do corpo ou a preocupação justa, em atividades honestas, constituíram-lhe valiosos recursos para a elevação e a defesa da alma. Enfim, reencontrou-se com o amado esposo, tecendo um ninho de afeto, onde foram felizes. Mas a esfera do globo os esperava. Se o presente estava cheio de alegria, o passado os chamava a contas, para que o futuro os harmonizasse com a lei eterna. Ela e Ricardo não podiam pagar os seus débitos à Terra com bônus-hora e sim com o suor honrado, fruto de trabalhos. As lembranças, do pretérito doloroso, assomaram em ambos. Era necessário retornar à Terra. Ricardo partira há três anos, ela seguiria logo.

André afirmou que não se lembrava das encarnações pregressas, tinha ela lembrado prontamente ou esperara o concurso do tempo? Laura afirmou que esperara, pois, antes de tudo, era indispensável que se despojasse das impressões físicas. As escamas da inferioridade são muito fortes, sendo preciso muito equilíbrio para poder recordar. Em geral, temos erros clamorosos, nos ciclos da vida eterna. Quem lembra o crime cometido, costuma considerar-se o ser mais desventurado; e quem recorda o crime de que foi vítima, considera-

-se o mais infelicitado. Portanto, somente a alma segura de si, recebia espontaneamente tal lembrança. As demais eram controladas para não recordarem e, se porventura tentassem burlar essa lei, poderiam tender ao desequilíbrio e à loucura.

Laura contou que ela e o marido sentiam-se perturbados com aquelas lembranças. Pediram ajuda e foram encaminhados ao Ministério do Esclarecimento. Ali, tiveram acesso à Seção do Arquivo. Puderam ler as suas memórias, no período de dois anos. Mas a leitura apenas informava. De posse das informações, foram submetidos a operações psíquicas para penetrarem os domínios emocionais de tais recordações. Os técnicos aplicaram-lhes passes no cérebro, despertando certas energias adormecidas. Então, ambos ficaram senhores de trezentos anos de memória integral, compreendendo quão grande era o débito que tinham para com o planeta. Daí a necessidade de novo encontro nas esferas da crosta.

A boa senhora também explicou a respeito da remuneração na colônia. O bônus-hora era o pagamento a todos os colaboradores da cidade, não só na administração, como também na obediência. Não se levava em consideração o cargo exercido, mas os valores morais despendidos. O bônus-hora era uma moeda aquisitiva e quanto maior a contagem do tempo de trabalho, maiores intercessões podia-se fazer. Entretanto, o verdadeiro ganho da criatura era de natureza espiritual. Avaliar o mérito de cada trabalhador era tarefa que pertencia ao Pai Altíssimo.

Quando André foi admitido como aprendiz, no Ministério da Regeneração, Laura resolveu conversar com ele. Sabendo do forte espírito de pesquisa do tutelado, aconselhou-o a abandonar os propósitos de mera curiosidade. Ao invés de albergá-la, meditasse e se atirasse à primeira oportunidade de trabalho que aparecesse. Não se considerasse humilhado por atender tarefas humildes. Certo é que o Ministro Clarêncio o autorizara a conhecer, visitar e analisar, mas podia, como servidor de bom-senso, converter as observações em tarefa útil.

Ao ouvir essas palavras, ditas com meiguice maternal, André sentiu os olhos úmidos. Poucas vezes sentira na vida tanto interesse fraternal pela sua sorte.

Laura continuou a palestra. Disse que a ciência de recomeçar era uma das mais nobres que nosso espírito podia aprender. Eram muito raros os que a compreendiam na face da Terra. Lembrasse de Paulo de Tarso, Doutor do Sinédrio, que deixara todos os bens materiais e voltara ao deserto, como humílimo tecelão, recomeçando a experiência humana em testemunho à fé no Cristo.

Logo no primeiro dia de atividades úteis, André seguiu o conselho de Laura e se atirou ao trabalho na primeira oportunidade. Em caráter de emergência, varou a noite nas Câmaras de Retificação. Na manhã seguinte, estava exausto e feliz. Foi quando recebeu a visita dela e de Lísias. Laura afirmou tê-lo acompanhado, em espírito, durante a noite. Aquela estreia fora motivo de justa alegria no seu círculo doméstico. Comentara o fato com Clarêncio, que recomendou saudá-lo em seu nome.

Em outra ocasião, André visitou a casa de Tobias, encontrando ali as suas duas esposas. O caso o impressionara profundamente. Não conseguia encontrar esclarecimentos justos que pudessem satisfazê-lo. Tão preocupado sentiu-se que, aproveitando um momento de folga, procurou explicações da senhora Laura, a quem votava confiança filial.

A boa senhora sorriu, e com grande experiência de vida, disse que ele fez bem em trazer a questão para raciocinarem juntos. Todo problema, que torturasse a alma, pedia cooperação amiga para ser resolvido. O caso de Tobias era um dos inumeráveis que conheciam ali. Se limitados aos conceitos terrestres, viver com duas esposas, sob o mesmo teto, dava até para escandalizar. Entretanto, o caso de Tobias era um acontecimento de vitória da fraternidade real, por parte de três almas interessadas na aquisição de justo entendimento. Quem não se adaptava à lei de fraternidade e compreensão, logicamente não atravessaria as fronteiras vibratórias da cidade. As regiões do Umbral estavam cheias de pessoas que não resistiram a semelhantes provas. Enquanto odiassem, não entendessem a verdade, sofreriam o império da mentira e não poderiam penetrar as zonas de atividade superior. Depois de grande sofrimento, essas criaturas voltavam ao plano carnal, esquecidas do passado, vindo a receber, nos laços de consanguinidade, aqueles a quem destinaram o veneno do ódio e da incompreensão. Daí a importância da recomendação de Jesus, quando aconselhava imediata reconciliação com os adversários. O problema do perdão, com o Cristo, era problema sério. Não se resolvia com conversas. Perdoar verbalmente era questão de palavras; mas aquele que perdoava realmente, precisava mover e remover os pesados fardos de outras eras, dentro de si mesmo. Ainda há pouco tempo, ouvira um grande instrutor no Ministério da Elevação assegurar que, se pudesse, iria materializar-se na Terra, a fim de dizer aos religiosos que toda caridade, para ser divina, precisa apoiar-se na fraternidade.

Laura encontrava-se às vésperas de regressar aos círculos terrenos. Os amigos resolveram homenageá-la e reuniram-se em sua casa. A nobre matrona estava circunspecta. Esforçava-se para acompanhar o otimismo geral, mas estava preocupada. Temia falir em seus propósitos. Tinha receio do esquecimento temporário em que se precipitaria. Dizia sentir-se como a enferma que curou numerosas feridas, mas ainda restavam as cicatrizes, que se ulcerariam a qualquer arranhão. Em Nosso Lar, contava com as vibrações espirituais dos habitantes educados nas luzes do Evangelho. Na Terra, porém, seus esforços vacilantes enfrentariam um mar de forças agressivas.

O Ministro Genésio aconselhou-a a confiar em Deus. Era preciso deixar de ver a paisagem física como um amargo exílio. Não pensasse em fracasso, mas na possibilidade de êxito. Confiasse nos amigos, que velariam por ela. Era indispensável coragem e caminhar adiante. Não desse tamanha importância às zonas inferiores. Seria armar o inimigo. O campo de ideias era igualmente o campo de luta. Toda luz acesa, de fato, na Terra, lá ficaria para sempre, porque a ventania das paixões humanas jamais apagaria uma só das luzes de Deus.

Laura passou a ver tudo com mais clareza. Estava convencida que as palavras do Ministro eram providenciais. Agora compreendia. Estava pronta.

A nobre mulher voltaria à Terra com extraordinários créditos espirituais. Receberia, por isso, o máximo cuidado no trato com os ascendentes biológicos de seu novo organismo. O Ministro Clarêncio acompanhá-la-ia pessoalmente à esfera carnal. Pensando nisso, André sentiu saudades antecipadas.

. Narcisa .

Narcisa estava sempre em atividade, ora confortando os enfermos da ala masculina, ora atendendo até a mais grosseira tarefa de limpeza, nas Câmaras de Retificação. Foi ao lado dela que André se lançou ao trabalho pela primeira vez, em Nosso Lar.

Logo no primeiro dia de observações, André ficou sabendo que um grupo de abnegados servidores, os Samaritanos, penetrara os abismos de sombra para resgatar entidades, que já se encontravam em condições de serem auxiliadas nas Câmaras. Porém, havia falta de trabalhadores para assistirem aos resgatados. Muitos auxiliares estavam servindo nas esferas da Crosta, onde nuvens de treva envolviam o mundo dos encarnados, em virtude da eclosão da II Guerra Mundial. Por isso, André, Narcisa e outros trabalhadores resolveram permanecer nas Câmaras durante a noite.

André ficou impressionado com a bondade espontânea de Narcisa. Atraído pela sua generosidade, não foi difícil alcançar o prazer de sua conversação carinhosa e simples. Ficou sabendo que a enfermeira permanecia nas Câmaras de Retificação, em trabalho ativo, há seis anos e alguns meses. E que deveria permanecer por ali mais três anos. Narcisa precisava completar dez anos de trabalho, para corrigir certos desequilíbrios do sentimento. Depois disso, estaria liberada para encontrar alguns espíritos, na Terra, para cumprirem serviços de elevação em conjunto. A velhinha confessou que, inicialmente, achou que eram anos em demasia, porém, à medida que o tempo foi passando, sentiu-se mais equilibrada e humana, crendo piamente que, no futuro, estaria apta a viver com dignidade sua experiência na Terra.

Narcisa transformara-se em mãe espiritual dos sofredores. Sua abnegação era tamanha que, em certa ocasião, mostrara-se disposta a recolher uma pedinte sob sua tutela, na instituição. Essa não era uma pedinte comum, fora uma profissional da área de ginecologia, tendo como débito mais de cinquenta mortes de criancinhas indefesas. A velha servidora alegava que também ela errara no passado, estando disposta a dispensar cuidados especiais à sofredora. Mas o serviço de vigilância entendeu que a desventurada entidade não podia ser recolhida ali, sem prejuízo para os demais internos.

A bondosa enfermeira transformara-se, também, em mãe espiritual de André. Assuntos, que ele não ousaria falar com Clarêncio ou Tobias, eram tratados por ela com carinho e discrição. Foi ela quem o aconselhou a se aproximar de Silveira, que falira pelas mãos de seu pai. Foi ela quem o aconselhou a dispensar maiores cuidados para com Elisa, a irmã infeliz, com quem ele mantivera um caso fortuito na mocidade. Informava-o sempre de boa vontade, satisfazendo sua efervescente curiosidade de "repórter do além".

André completara um ano de trabalhos construtivos. Aprendera a ser útil, encontrara o prazer do serviço, experimentando crescente júbilo e confiança. Em compensação, a saudade do antigo lar doía fundo. Foi quando Clarêncio o liberou para voltar ao recinto doméstico. Teria uma semana a seu dispor. O Ministro prometeu que iria vê-lo diariamente.

Já no Rio de Janeiro, André penetrou a antiga casa. Ébrio de felicidade, foi notando grandes modificações no recinto doméstico. Trocara-se o mobiliário, os velhos retratos não existiam mais. Descobriu que Zélia, sua ex-esposa, casara-se novamente e que seu atual consorte estava gravemente enfermo. Ela se desesperava, temendo uma segunda viuvez. Ainda sem se recuperar das surpresas, presenciou um diálogo ríspido entre a mãe e a filha mais velha, que afirmava sentir saudades do pai. Zélia proibira a menção do seu nome naquela casa. Unicamente esta filha, que era adepta do espiritismo, cultivava-lhe a lembrança. Seus outros filhos e sua esposa baniram-no do mundo dos vivos.

Inicialmente, angústias e decepções sucederam-se. Sua casa pareceu-lhe um patrimônio, que os ladrões e os vermes haviam transformado. Clarêncio apareceu à tardinha. Lembrou o pupilo que o amor incondicional sempre opera milagres de felicidade e compreensão. Era hora de colocar em prática tudo o que aprendera.

André sentia-se só em seu testemunho. Atendendo as recomendações do amigo, passou a refletir com mais serenidade. Não era o proprietário de Zélia, mas seu irmão e amigo. Precisava lutar contra o egoísmo feroz, pois sua família não se limitava àquelas pessoas; estendia-se aos sofredores das Câmaras de Retificação, à comunidade universal. Dotado de novo ânimo André iniciou a ajuda ao enfermo, tentando esclarecer alguns espíritos infelizes. Mas as dificuldades eram enormes, pois ele estava abatidíssimo. Nessa emergência, lembrou-se de apelar mentalmente para a sua amiga Narcisa. Então, passados alguns minutos, a nobre enfermeira tocou-lhe o ombro. Com a larga experiência haurida nas Câmaras de Retificação, Narcisa aplicou passes de reconforto ao doente, isolando-o das formas escuras, que se afastaram como por encanto.

A velha servidora dirigiu-se a um local onde havia enormes árvores. Manipulou fluidos vegetais retirados do eucalipto e da mangueira que, mais tarde, foram aplicados através da respiração e da absorção pelos poros do enfermo. Na manhã seguinte, o médico ficou surpreso com a expressiva melhora do paciente. A casa toda encheu-se de alegria. O próprio André ficou exultante, pois sentia que vigorosos laços de inferioridade rompiam-se dentro de si.

Naquele dia, André retornou a Nosso Lar. Nova compreensão e novos júbilos lhe enriqueciam o espírito. Foi na companhia de Narcisa que experimentou a capacidade de volitação. Instruído pela amiga, ia da casa terrestre à cidade espiritual e vice-versa, intensificando o tratamento de Ernesto, cujas melhoras firmaram francas e rápidas.

Finda a semana de licença, André voltou aos deveres justos. Naquela semana, aproximara-se ainda mais de Narcisa, a velha servidora da Regeneração. Aquela mulher, que o iniciara no trabalho, também o amparou nos momentos difíceis e o ensinou a volitar.

Considerações finais

Nós, os espíritas, não podemos prescindir das obras básicas kardequianas. Por esse motivo, compilamos algumas questões de *O Livro dos Espíritos*, que dão sustentação às obras complementares, especialmente, àquelas assinadas pelo espírito André Luiz e psicografadas pelo médium Chico Xavier, algumas em parceria com o médium Waldo Vieira.

Procuramos fazer uma aproximação da obra de Kardec, que é mais universal, à obra de André Luiz, que é mais específica. Este paralelo objetiva demonstrar que a segunda reafirma, completa e ilustra satisfatoriamente a primeira. Pelas lentes de Kardec, vislumbramos a amplidão, ao longe; pela ótica de André Luiz, vemos os detalhes, de perto.

Fizemos uma breve coleta de informações, mencionando *O Livro dos Espíritos*, na qual indicaremos a questão com a letra Q e o número correspondente à pergunta. Ao mencionarmos *O Evangelho segundo o Espiritismo*, usaremos a sigla ESE e o número do capítulo correspondente.

• Deus nos criou simples e ignorantes, quer dizer, sem ciência. Deu a cada um determinada missão com o fim de esclarecê-lo e fazê-lo alcançar, progressivamente, a perfeição para conhecimento da verdade e para aproximá-lo d'Ele. (Q-115)

• A alma, que não alcançou a perfeição na vida corpórea, acaba de depurar-se suportando a prova de uma nova existência, passando, dessa forma, por várias existências corporais. (Q-166)

• A reencarnação (retorno à Terra numa outra existência) é uma necessidade do espírito, como a morte é uma necessidade da vida corporal. (Q-330)

• A alma, nos intervalos das encarnações, torna-se espírito errante (espírito desprendido do corpo material, à espera de uma nova encarnação, para aprimorar-se). A duração desses intervalos pode ser de algumas horas a milhares de séculos. (Q-224 e 226)

• A erraticidade, por si mesma, não é um sinal de inferioridade nos espíritos. Há espíritos errantes em todos os graus. (Q-225)

• Os espíritos, que não estão encarnados, são errantes, exceto os espíritos puros, que alcançaram a perfeição, estes não têm necessidade de encarnação. (Q-226)

• O espírito pode melhorar-se muito no estado errante, mas é na existência corporal que ele põe em prática as novas ideias que adquiriu. (Q-230)

• Os espíritos errantes são felizes ou infelizes de acordo com os seus méritos. Sofrem as paixões, cuja essência conservam, ou são felizes segundo o seu grau de desmaterialização. (Q-231)

- Uma vez no mundo dos espíritos, a alma conserva as percepções que tinha quando de sua existência física e adquire outras que antes não possuía. (Q-237)

- São diversas as categorias dos mundos habitados. Não se trata de uma classificação absoluta, mas, de um modo geral, os mundos podem ser divididos assim: mundos primitivos, onde se verificam as primeiras encarnações da alma humana; mundos de expiações e provas, em que o mal predomina; mundos regeneradores, onde as almas, que ainda têm o que expiar, adquirem novas forças, repousando das fadigas da luta; mundos felizes, onde o bem supera o mal; mundos celestes ou divinos, morada dos espíritos purificados, onde o bem reina sem mistura. A Terra pertence à categoria dos mundos de provas e expiações em transição para o mundo de regeneração, e é por isso que, nela, o homem está exposto a tantas misérias. (ESE, cap.III)

- Apenas uma fração da Humanidade se encontra na Terra. Porque a espécie humana abrange todos os seres dotados de razão que povoam os inumeráveis mundos do Universo. (ESE, cap.III)

Com base nessas informações, que destroem a nossa visão geocêntrica (a Terra deixa de ser o centro do Universo), meditemos: o que é a Terra perante esses mundos infinitos? Um grão de areia no meio do imenso oceano? É bem provável que seja! Entretanto, para nós, é o lindo planeta azul, que nos acolhe, para que possamos crescer perante Deus e aprender a tarefa que nos cabe no Universo.

Infelizmente, não temos consciência do objetivo da nossa estada aqui, não damos a devida importância aos valores morais e espirituais. Saímos do plano espiritual, imbuídos de boa vontade, querendo remir débitos, testemunhar a nossa transformação interior. Chegamos aqui, nos instalamos, e depois vamos esquecendo a que viemos. Envolvemo-nos nas más paixões, materializamos os nossos objetivos, nos algemamos aos interesses imediatos. Bebemos, no cálice dos prazeres, até a última gota. Depois, retornamos à espiritualidade tão desorientados quanto miseráveis de valores morais.

André Luiz nos conta em *Nosso Lar* a sua dolorida situação, ao se deparar com a própria consciência, quando adentrou a erraticidade. Traz a sua história, tentando abrir os nossos olhos, enquanto é tempo de reverter alguma coisa. Não se trata da história da Humanidade, mas da realidade do mundo que nos cerca. Diz respeito a cada um de nós. Por isso, o material deste livro não deve ser tratado como um simples relato. É um comovente alerta. São palavras de André: "Oh, amigos da Terra! quantos de vós podereis evitar o caminho da amargura com o preparo dos campos interiores do coração? Acendei vossas luzes antes de atravessar a grande sombra. Buscai a verdade, antes que a verdade vos surpreenda. Suai agora para não chorardes depois."

Neste momento de transição do planeta, acolhamos este aviso como o toque do clarim. Trabalhemos na defesa da cidadela de nossa alma. Façamos uso da vigilância e da prece. Sigamos os preceitos de Jesus, que nos ensinou a amarmo-nos uns aos outros. Afinal de contas, ele também afirmou que cada um receberia segundo as suas obras.

A vida no mundo espiritual

Nosso Lar é o primeiro livro da série "A vida no mundo espiritual", que tem continuidade nos seguintes títulos:

- *Os mensageiros*
- *Missionários da luz*
- *Obreiros da vida eterna*
- *No mundo maior*
- *Libertação*
- *Entre a Terra e o céu*
- *Nos domínios da mediunidade*
- *Ação e reação*
- *Evolução em dois mundos*
- *Mecanismos da mediunidade*
- *Sexo e destino*
- *E a vida continua...*

A série é publicada pela FEB Editora e foi psicografada por Chico Xavier, com o apoio do médium Waldo Vieira em alguns dos livros.

Com base nesta série de livros do espírito André Luiz, a Editora EME publicou também os seguintes títulos:

- *Entrevistando André Luiz*, de Jamiro dos Santos Filho
- *Pessoas de André*, de Isabel Scoqui
- *Mentores de André Luiz*, de Isabel Scoqui

Segunda Parte

Índices remissivo e onomástico

Marco Antônio Vieira

Índice remissivo

Tanto o índice remissivo, quanto o índice onomástico, apresentado na sequência, referem-se ao livro *Nosso Lar*, do espírito André Luiz, psicografado por Francisco Cândido Xavier, e não a esta obra que o leitor tem em mãos.

Ambos foram elaborados a partir da 2ª reimpressão da 60ª edição do livro *Nosso Lar*, da FEB Editora (Rio de Janeiro, RJ), publicado em agosto de 2009.

Os assuntos, termos e nomes apresentados nos índices seguem esses exemplos:

> Alvorada Nova {colônia espiritual} • 74
> Cidadão de Nosso Lar • 329
> Espiritismo • 08, 09, 287, 315, 326

O assunto, o termo ou o nome é seguido pelos números das páginas onde aparecem no livro *Nosso Lar*. Algumas vezes, eles não aparecem escritos nas páginas, mas apenas no contexto da narrativa.

As palavras indicadas entre parêntesis "( )" são trechos

explicativos complementares destacados da própria obra *Nosso Lar*, e as apresentadas entre chaves "{ }" são palavras do compilador do índice (Marco Antônio Vieira), como nesse exemplo:

Região
   ... *de existência* • 293
   ... *desconhecida* • 19
   ... *mais baixa da nossa colônia espiritual*
      {Ministério da Regeneração} • 161
   ... *trevosa (o próprio Umbral)* • 290

Nos itens recuados, os três pontos "..." devem ser substituídos pelo termo apresentado em primeiro lugar. Utilizando o mesmo exemplo, temos:

Região
   região de existência • 293
   região desconhecida • 19
   região mais baixa da nossa colônia espiritual
      {Ministério da Regeneração} • 161
   região trevosa (o próprio Umbral) • 290

·[A]·

À guisa (de maca) • 23
A quem (recorrer?) • 20
Abandonava (as vestes carnais) • 286
Abastado (comerciante) • 263
Abatimento • 327
... progressivo • 21
Abençoado suor • 176
Abismo • 294
... mais fundo • 305
Abnegada • 210
... mãe de Heloísa • 296
Abnegados
... os irmãos de moradia • 157
... servidores espirituais • 285
Abraçar (a senhora Laura) • 321
Abracei-o comovido • 225
Abraçou-me (efusivamente) • 159
Abrigo • 201
Abrir sua alma (às bênçãos de Deus) • 204
Absoluta exaustão • 21
Absolvição (no confessionário) • 221
Absorção
... de elementos puros • 329
... pelos poros • 333
Absorviam-me (todas as faculdades de raciocínio) • 16
Abstenção • 334
... de qualquer informação direta • 214
Acácia e o pinheiro • 213
Acamado • 226
Acanhado • 168
Acanhamento (dominou-me) • 225
Ação • 241
... judicial • 226
Acariciava
... a fronte do enfermo • 172
... as mãos • 330
Acaso • 229, 305, 328
Aceita (o dever) • 168

Acender
... no espírito novas esperanças • 168
... novas luzes • 279
... vossas luzes • 18
Acima do sofredor • 192
Ações dignas • 229
Acompanhar (compulsoriamente) • 18
Acontecimento • 212
Acréscimo
... de misericórdia • 100, 243
... de responsabilidade • 283
... de serviço • 271
Acudiu (atenciosamente) • 171
Acumulado (força mental) • 172
Acusações (nominais) • 19
Adesão (mental) • 105
Adestrados (no serviço defensivo) • 279
Administrador • 236, 238
... consciencioso e justo • 277
... terreno • 141
... vigilante • 236
Administrar (com amor paterno) • 277
Admiração • 173, 215
Admitidas • 256
Adoção (familiar) {Lísias} • 110
Adormece • 236
Adotar • 330
Adquirir (os valores da espiritualidade) • 175
Adversários • 230, 279, 307
Aeróbus • 73, 165, 217, 296, 331
{não transita no Umbral} (questão de densidade da matéria) • 217
... um grande funicular[1] • 67
Afeições • 255, 257
Afetos
... puros • 163
... sacrossantos • 308
Afinados • 331

---

[1] André Luiz descreve algo como um "disco voador", em 1939. Impressionante revelação.

Afinidade
... *espiritual* • 249
... *máxima (ou completa)* • 251
... *pura* • 243
Afirmativas verbais • 241
Aflição (não constrói) • 273
Aflitíssima • 326
Aflito • 188
Africanos • 222
Agitação (em Nosso Lar) • 149
Agora • 187
Agosto (de 1939) {II Guerra Mundial} • 154
Agradável surpresa • 225, 245
Agravar os padecimentos • 325
Agravo de perturbação • 172
Agredidos • 268
Agressores • 285
Agrupamentos espirituais • 268
Água • 27, 65, 217, 242, 329
... *alimento e remédio* • 70
... *colorida* • 61
... *como fluido criador* • 71
... *da fonte* • 131
... *e o ar* • 217
... *é quase tudo* • 67
... *é veículo dos mais poderosos para os fluidos* • 70
... *fresca* • 209
... *magnetizada* • 187
... *misturada a elementos solares, elétricos e magnéticos* • 65
... *muito fresca* • 27
... *no mundo* • 71
... *outra densidade* • 69
... *pura* • 69, 319
... *volta purificada* • 242
importância da ... • 69
presença da ... • 71
Agulhas magnéticas • 255
Ajoelhou-se • 188
Ajuste (de contas) • 262
Alamedas risonhas • 299
Alanceado • 174
Albergar (a curiosidade) • 161

Alcova espaçosa • 325
Alegria • 181, 236, 253, 289, 290, 303, 333
... *e aprendizado* • 245
... *e curiosidade* • 210
... *nova* • 333
... *sincera* • 313
... *suprema* • 182
Aleijado • 18
Além (da morte do corpo) • 293
Além-túmulo • 327
Alguém surgiu • 22
Alguma (coisa permanece) • 17
Alguns minutos • 215
... *depois da meia-noite* • 180
Alheamento • 173
Aliança afetiva • 328
Alicerces (da fraternidade legítima) • 248
Alimentação • 65, 70, 115, 117, 329
Alimento
... *do amor* • 289
... *espiritual* • 329
... *que lembra a Terra (nos Ministérios da Regeneração e do Auxílio)* • 65
Aliviar (consciências alheias) • 203
Alívio • 199
... *a doentes e perturbados* • 223
Alma • 46, 159, 204, 232, 307
... *decaída* • 285
... *esmagada de culpas* • 294
... *eterna* • 297
... *se nutre de amor* • 116
... *sensível* • 304
... *um ímã poderoso* • 83
Almas • 255
... *débeis e fortes* • 46
... *femininas* • 130
... *gêmeas, irmãs e afins* • 118
... *inquietas* • 235
... *irresolutas e ignorantes* • 81
... *nobres* • 329
Alojaremos (os perturbados no pavilhão 7 e os enfraquecidos

A

na câmara 33) • 180
Alternativa • 226
Altíssimo • 236
Alto
   ... *padrão educativo* • 267
   ... *poder explosivo* • 285, 286
Alto-falantes • 315
   numerosos ... • 273
Alvo lençol • 23
Alvo sublime • 291
Alvorada Nova {colônia espiritual} • 74
Ama (o trabalho pelo prazer de servir) • 162
Amabilidade espontânea • 225
Âmago da terra • 293
Amarga observação e meditação • 325
Amargo • 307
   ... *e doloroso* • 224
Amargura • 18
Amargurado
   ... *duende* • 15
   ... *pranto banhava-me a alma toda* • 22
Amargurosa emergência • 22
Amarguroso (assunto) • 157
Amas jovens • 249
Ambição • 196
Ambiente • 153, 173, 312, 317
   ... *divino* • 292
   ... *doméstico* • 195, 249, 250, 303
   ... *e pensamento* • 289
   ... *é sempre fator ponderável no caminho de cada homem* • 289
   ... *simples* • 246
Amealhar o dinheiro • 194
Amedrontado • 215
Amemos (uns aos outros) • 193
América • 211, 285, 287
Amiga • 223
   minha ... • 192
Amigas • 196
Amigo • 163, 174, 188, 215, 226, 246, 254, 260

Amigos • 18, 310, 327
   ... *da colônia* • 330
   ... *da Terra* • 18
   ... *presentes* • 321
   ... *que me eram totalmente estranhos* • 332
   ... *queridos* • 329
Amizade
   ... *secular* • 163
   ... *sincera* • 265
Amor • 162, 174, 202, 264, 280, 290, 300, 329
   ... *de Deus* • 219
   ... *desvelado* • 236
   ... *e alívio aos que sofrem* • 280
   ... *espiritual* • 151
   ... *é uma espécie de ouro abafado nas pedras* • 297
   ... *fraternal* • 219, 234, 280
   ... *infinito de Deus* • 116
   ... *paterno* • 277
   ... *próprio* • 21
   ... *sublime* • 297
   alimento do ... • 289
Amortalhada • 16
Amotinados • 280
Amparo do futuro • 306
Amplificadores (de voz) • 278
Anarquia • 268
Ancião • 172, 277
Andorinha • 180
Angustiosa (situação do mundo) • 154
Angustiosas • 171
   ... *exclamações* • 259
Animado e feliz • 163
Animais • 217, 218
Animalidade • 297
Ânimo (e acender-me no espírito novas esperanças) • 168
Animosidades • 256
Aniquilamento • 280
Aniquilar (o mal e a treva) • 312
Aniversário de casamento • 324

Anjos • 242
... do Senhor • 220
Ano • 209
Anomalia • 161
Anos
... de serviço • 189
... de sofrimento • 30
Anotações particulares • 136
Ansiedade
... justa • 276
... não edifica • 273
... profunda • 154
Ansioso • 188
... de conselhos • 228
Antagônicos influxos • 255
Antagonismo vibratório • 240
Ante o infinito • 20
Antecâmara (da ventura celeste) • 290
Antes
... de meia-noite • 213
... de minha partida • 163
Antídotos infalíveis (veneno da vaidade e da tentação) • 292
Antiga (relação de nossa família) • 159
Antigas afeições • 311
Antigo
... lar terrestre • 250
... ofensor • 229
Antigos (vícios religiosos) • 287
Antipatias • 256
Aparelho • 179, 315
{de imagem e som em casa de Lísias}[2] • 113
... câmara • 316
... de comunicação • 331
... de comunicações urbanas • 185

... de transição • 218
Aparência distinta • 196
Aparentemente casuais • 259
Apartamento • 233
... de repouso • 232
... do enfermo • 330
Apego
{à família} • 31
... excessivo ao corpo {Francisco} • 187, 190
Apelo • 269
... da colônia • 153
Aplicar
... disciplinas • 221
... passes de fortalecimento • 176
Apreço • 303
Aprender • 162, 187, 314
Aprendido • 240
Aprendizado • 166, 260
... e serviço útil • 165
... mundano • 241
... nobre • 256
Aprendizados • 208
Aprendizes • 287
... sobre o pensamento • 212
Aproveitamento justo • 238
Aproximou-se (respeitosamente) • 166
Aquisições {são feitas por horas de trabalho} • 133
Ar • 19, 55, 61, 77, 171, 172, 213, 217, 285, 323, 329
... asfixiante (saturado de vibrações destruidoras) • 285
... embalsamado • 213
... puro • 55
com a água e o ... • 217
elementos puros através do ... • 329
esmurrava o ... • 19
melodias atravessando o ... • 77
quero ... , muito ... • 172
respirando o ... • 323
vozeria pairava no ... • 171
ziguezagueavam no ... • 61
Arcanjos celestes • 220

---

[2] Vale ressaltar aqui o ano no qual se localiza a narrativa, 1939, portanto, os aparelhos de televisão (hoje tão comuns) eram ainda projetos estratégicos de guerra secretamente elaborados pelos Estados Unidos da América e pela Alemanha.

Arcar com a ruína • 227
Ardentes (afirmações de
 esperança e serviço) • 210
Argumentação materna • 227
Armar (o inimigo) • 312
Arquivos da cidade • 211
Arranhão • 311
Arreceie • 216
Arriscada missão • 188
Arte {números de} • 210
Arte santificada • 299
Arvoredo • 324
 ... tranquilo do parque
  extenso • 200
Árvores • 50, 281, 300, 332
 {pomares e jardins} • 49
 ... acolhedoras • 207, 292
 ... delicadas • 246
 ... eretas se cobrem de flores • 207
Ascendentes biológicos • 313
Asfixia • 203
Ásia (Velha) • 267
Aspecto normal • 321
Assassinar • 203
Assediado (por alguma
 sombra invisível) • 187
Assédio (incessante) • 19
Assembleia • 28, 239, 240, 278, 290, 315
Assiduidade (e dedicação)
 {bônus-hora} • 143
Assinalada beleza • 207
Assistência • 181
 ... maternal • 249
 ... noturna • 245
Assombrado • 203, 217
Assombro • 15, 200, 271
Assunto obsidente • 253
Atenuantes (de vulto) • 203
Atitude
 ... ainda mais firme • 205
 ... contraproducente • 233
 ... de minha parte • 165
 ... enérgica • 229
 ... extremista • 189

... maternal • 304
... mental • 312
... mental {modificar} • 101
... patriarcal • 277
... renovadora • 21
Atividade
 ... criminosa • 268
 ... experimental • 236
 ... mental • 165
 ... no Umbral • 179
 ... pacífica • 285
 ... regeneradora • 167
 ... sublime • 22
 ... terrena • 241
 ... terrestre • 279
Atmosfera • 218, 246
 ... criadora • 242
 ... de cima • 170
 ... de compreensão • 255
Átomos de desapego • 187
Atormentam o coração • 326
Atos • 204
Através do fio {aparelho de
 comunicação urbana} • 185
Atravessar (a grande sombra) • 18
Atrevimento • 161
Aulas
 {somente para os interessados} • 237
 ... e palestras de todos os
  Ministros • 239
Aureolou • 320
Austeramente • 227
Autênticos fantasmas • 215
Autodomínio • 297
Autômatos do crime • 268
Autor
 ... da criação • 26
 ... da vida • 21
 ... espiritual • 171
Autoridade e amor • 273
Autoritariamente • 221
Autorização • 160
Auxiliares • 171
 ... mais fortes (foram
  requisitados) • 181

... *preciosos (nas regiões obscuras do Umbral)* • 217
... *presentes* • 182
Auxílio • 156, 268, 270, 275, 307, 328
... *fraternal* • 314
... *possível* • 153
... *somente aos predispostos ao socorro* • 286
... *superior* • 292
Avenidas (vastas) • 55
Aves • 22, 50, 180, 217, 218, 294
... *de plumagens policromas* • 50
... *e animais domésticos* • 50
... *livres ascendem às alturas* • 294
Avesso às manifestações da prece • 165
Avestruz • 180
Avó materna • 249
Azáleas • 324
Azar do caminho • 202

·[B]·

Bagagem evolutiva • 243
Bairros (da colônia) • 73
Baixos pensamentos • 174
Bálsamo precioso • 162
Bambu • 246
Bancos • 209
Bandidos • 222
Bando • 21
Bandos escuros • 268
Banhado em lágrimas • 319
Barba {André Luiz a sente crescer} • 19
Barrado (pelo Umbral) • 272
Batalha • 279
Baterias (elétricas) = {dardos magnéticos para defesa} • 64
Bateu o pé • 221
Batia descompassado {coração} • 323
Beijar o filho • 159

Beijou-lhe a face • 189
Bel-prazer (nosso) • 293
Bela composição • 319
Belas esperanças • 333
Beleza • 277, 296, 300, 301
... *da oração* • 22
... *da paisagem geral* • 246
... *do caminho* • 232
... *dos quadros (representa vasta compensação)* • 209
... *espiritual* • 208
... *silenciosa* • 215
Belo ensejo • 228
Belos
... *momentos (de alegria e aprendizado)* • 245
... *recintos (iluminados e acolhedores)* • 300
Bem • 187, 313
Bem-aventurados • 262
Bem-estar • 213, 313
Bem-humorada • 159, 296
Bem-humorado • 169
Bênção • 213, 238, 243, 271, 278
... *da vida* • 17
... *de Deus* • 204
... *de Jesus* • 280
... *de ter sido útil* • 232
... *de trabalho espiritual* • 234
... *divina {família}* • 18
... *do senhor* • 228
... *do sol* • 208
... *do sono* • 16
... *santificante da oportunidade* • 167
Bendita oportunidade • 314
Benefício • 167, 183
... *da paz na Terra* • 153
... *divino* • 250
... *do remorso* • 204
... *próprio* • 173
Benfeitor (inesperado) • 23
Benfeitora • 185
Benfeitores • 182, 230, 323
    muitos ... devotados • 155

•[B/C]•

Bens • 17
Benzendo-se • 219
Berço natal • 323
Bíblia • 241
Bilhões de criaturas • 155
Boa e pura • 205
Boa intenção • 312
Boa religiosa • 221
Boas obras • 205
Boa vontade • 140, 162, 169, 186, 203
... de resgatar nossos débitos • 203
Boca • 176
... que me parecia calma e ajuizada • 220
Boi • 257
Bom ânimo • 304
Bom humor • 288, 290
Bombas • 269, 285
Bom-tom • 251
Bondade • 182, 223
... Divina • 205, 256, 335
Bondosa • 185
... senhora • 160
Bonificação • 235
Bons costumes • 220
Bônus-hora • 182, 235, 237
 {diferentes tipos de}
 • 133, 235, 236, 237
 ... economia pessoal {é uma conquista individual} • 144
 ... pode ser duplicado ou triplicado • 140
 ... podemos gastar em favor dos amigos? • 143
 ... revertidos ao patrimônio comum • 144
 ... único título de remuneração {na administração e na obediência} • 140, 141, 142
 três mil ... auxílio {dona Laura} • 144
 trinta mil ... {uma casa} • 133, 139
Bosque das águas • 68, 208
Braços • 236

Bradava • 174
Bradou • 201, 204
Branda melodia • 317
Brasil • 242
Brisas cariciosas • 281
Bruxuleante luz • 312
Buscai (a verdade) • 18

•[C]•

Cabeça (escapava um longo fio) • 215
Cabeleira desgrenhada • 192
Cabelos • 15
... de neve • 277
... eriçados • 15, 215
Cada espécie • 293
Cada família {tem direito a um lar} • 133
Cadáver • 187, 189
Caderneta {de estudos} • 110
Cães {muares e aves com os Samaritanos} • 217
Cair
... da noite • 231
... em precipícios • 291
Cajado {Ministro Clarêncio} • 25
Calabouços da Regeneração • 64
Calamidade • 271, 286
Calar (os ruídos de baixo) • 269
Calava-me (no fundo d'alma) • 162
Caldo reconfortante • 27, 115
Calma • 200, 253, 307
... ao coração • 329
.... é garantia do êxito • 276
Calmo • 23
Camadas sombrias • 268
Câmara • 174, 181, 202, 213, 330
... 33 • 180, 182
... anexa (em forma de grande enfermaria) • 175
... cristalina • 316

... *de Retificação* • 168, 183, 187, 188, 200, 201, 219, 233, 235, 236, 252, 258, 263, 269, 283, 290, 295, 304, 328
... *vasta* • 171
Camaradagem • 295
Cambaleante • 325
Cambalear de emoção • 324
Câmbio • 175
Caminham (para uma guerra de grandes proporções) {II Guerra Mundial} • 156
Caminhar (às escuras) • 291
Caminho • 307
... *da amargura* • 18
... *de cada homem* • 289
... *de casa* • 323
... *de gloriosa destinação* • 17
... *ermo e obscuro* • 19
... *escuro* • 305
... *novo* • 165
Campo • 293
... *da fraternidade* • 267
... *da música* • 119, 295, 296
... *das ideias* • 312
... *das lembranças* • 329
... *de batalha* • 285
... *de luta* • 312
... *de lutas (é imensurável)* • 155
... *enluarado* • 200
... *inferior* • 311
Campos
... *agrestes* • 22
... *da Polônia* • 285
... *das comunidades europeias* • 157
... *de cultura* • 200, 215
... *de repouso* • 90, 140
... *interiores do coração* • 18
... *primaveris* • 292
Canais de água • 209
Canalha • 204
Cancela • 201
Canções • 299
Cansaço • 330
Cansadíssimo • 329
Cansado pelos intensos esforços • 179
Capacidade (de compreensão) • 300
Características (essencialmente diabólicas) • 285
Caramanchões (de caprichosos formatos) • 245
Carantonha (de ódio) • 204
Caravana • 217, 218, 276
Carga (de pensamentos sombrios) • 172
Carga mental negativa (de encarnado) • 172
Carícias • 324
Cariciosa
... *alegria íntima* • 181
... *e divina* • 317
... *melodia* • 156, 243
Caridade • 172, 220, 258, 279, 325
... *legítima* • 205
... *material* • 234
Caridosa • 204
Caridosas emoções • 234
Carinho • 163, 228
... *e apreço* • 303
... *fraterno* • 284
Carinhosa • 192
Carinhoso olhar • 235
Carne • 188
... *terrestre* • 241
Carreira incessante das águas • 18
Casa • 20, 163, 185, 193, 195, 196, 245, 253, 296, 325
... *a sua habitação* • 163
... *atenderá aos teus parentes terrestres* • 45
... *de abastado comerciante* • 263
... *de abençoada consolação* • 264
... *de alegria nova* • 333
... *de assistência* • 46
... *de bispos* • 221
... *de Lísias* • 109, 245, 315
... *de nossa amiga* • 196
... *de Nosso Pai* • 234, 328, 333
... *de saúde* • 20, 32
... *de Tobias* • 253

Índice remissivo · C · *Chorou em silêncio* | 145

... *de trabalho* • 205
... *do Pai* • 268
... *do teu próximo* • 257
... *é sua* • 111
... *estava repleta* • 296
... *material* • 71
... *não mais me pertencia* • 325
... *onde não há pão* • 82
... *onde permanecia como enfermo* • 91
... *também lhe pertence* • 185
... *terrestre* • 334
a caminho de ... • 323
abandonar a ... • 20
aproximou-se da ... • 144
aquela ... • 253
cada ... • 245
dentro de ... • 131
dependências da ... • 113
dona da ... • 112, 115, 119, 121, 147, 258, 296, 310, 314
dono da ... • 246, 251
em ... • 112, 119, 296
entrou em ... • 147
esta ... • 133, 163
fora de ... • 127
minha ... • 227, 327
nesta ... • 326
nossa ... • 110, 132, 193, 195, 226, 260, 261, 319
reboar pela ... • 324
regressando à ... • 323
sua ... • 250
ter ... própria • 140
voltar à ... • 107
voltasse à ... • 232
Casado • 255
Casamento • 257
... *combinação vibratória* • 251
diferentes tipos de ... • 251
Casaram os ecos • 317
Caso • 245
... *é muito grave* • 200
... *grave* • 252
Castelo de vegetação (em forma de estrela) • 208
Castigava-me a fome • 21
Casualidade • 163
{não existe, mãe de Lísias em conversa com André Luiz} • 163
Catástrofe • 157
Cativos (em casa de bispos) • 221
Causa • 242
Cavalheiro • 324
Ceder algumas horas de cooperação • 153
Cegos • 229
Cegueira • 262, 264
Celebração (de missas mensais) • 220
Celeiros (de bênçãos do eterno) • 238
Cenários • 260
Centenas
... *de enfermos* • 328
... *de ouvintes* • 240
... *entre servidores e abrigados* • 237
Céptico • 305, 308
Cérebro • 16, 199, 214, 227, 253
Cérebro do homem • 294
Certeza (matemática da morte carnal) • 175
Céu • 180, 197, 205, 242, 269, 299, 323
... *da Europa* • 155
... *sublime* • 215
Chaguentos • 234
Chefe
... *da cidade* • 278
... *da expedição* • 285
China • 271
Chorando
... *copiosamente* • 189
... *e rindo ao mesmo tempo* • 321
Chorar
... *como criança* • 186
... *convulsivamente* • 193
Chorava
... *e torcia as mãos* • 325
... *sem remédio* • 249
Chorávamos • 320
Chorou em silêncio • 211

Chuva
... benéfica • 242
... das lágrimas me lavou
   o rosto • 22
... de flores • 29
Cicatrizes • 311
Ciclos (da vida eterna) • 135
Cidadão de Nosso Lar • 329
Cidade • 208, 209, 211, 296, 323, 335
... espiritual • 334
... espiritual de transição • 243
Cidadela da alma • 275
Cidades de espíritos generosos • 154
Ciência
... da respiração (e da
   absorção) • 62
... de recomeçar • 162
Cinco
... minutos (de harmonia
   repousante) • 156
... numerosas classes (de
   aprendizados e cinco instrutores
   diferentes) • 208
... projeções (variadas,
   simultaneamente)
   {cinemas atuais} • 208
... servidores operavam • 182
Cinquenta e oito crianças • 202
Cioso • 236
Cipoal • 294
Círculo
... carnal • 163, 252
... de contradições • 17
... doméstico • 231
... terrestre • 149, 297
Círculos • 293
... carnais • 144, 168,
   188, 214, 267, 300
... da Terra • 290
... de vida • 236
... do globo • 241
... do Umbral • 180
... espirituais • 267
... inferiores • 234
... mais altos • 304

... mais próximos da crosta • 153
... planetários • 243
Circunspecta • 310
Circunstância mais dolorosa • 19
Circunstâncias
... especiais • 182
... muito graves • 270
Cítara harmoniosa • 317
Ciúme inferior • 251
Civilização • 287
... americana • 267
Clamei (contra o doloroso
   desânimo) • 15
Clamores • 15
Claridade (branda do céu) • 217
Clarim • 269, 270, 275
... de elevada expressão
   hierárquica • 270
... de alerta • 269
... do senhor • 273
... é utilizado por • 270
   inesquecível ... • 269
Clarinada • 269
Classes {para estudos} • 208
Clichê do pretérito • 226
Cliente • 226
Clima das realidades eternas • 18
Cobaias humanas • 287
Coberta de andrajos • 200
Cobria • 319
Cogitação (meramente
   intelectual) • 17
Colaboração • 168, 181
... maternal • 160
Colaboradores • 278
... de bom ânimo • 153
Cólera • 205
Coletividades operosas • 268
Colher notícias • 326
Colmeias (de serviço intenso) • 169
Colônia • 188, 210, 273,
   299, 303, 309, 330
... de reparação {para os
   mais perversos} • 81
... espiritual {diferente} • 74

... *espiritual* • 154, 211, 213, 235, 267
Combinação vibratória (afinidade máxima ou completa) • 251
Começando pela regeneração • 161
Comemoração (ao natal de Jesus) • 209
Comemorar • 212
Comentário (evangélico) • 278
Comoção • 189
Comovidíssimo • 159, 229
Comovido • 169
Compaixão • 186
Companheira • 319
... *de lutas* • 214
Companheiro • 330
... *desconhecido* • 15
.... *fraternal* • 331
Companheiros • 181, 219, 233, 310
... *e irmãos* • 156
... *encarnados na Terra* • 209
Companhias (cultivadas pela mente e coração) • 105
Compartilhara (vícios da mocidade) • 17
Compensação exterior • 236
Completa (inanição psíquica) • 179
Completamente esquecido • 22
Compositores terrestres • 301
Compreende (a responsabilidade) • 168
Compreensão recíproca • 290
Compromisso
... *assumido* • 307
... *dos habitantes de Nosso Lar {pensamentos centrados no bem}* • 148
Compromissos anteriores • 181
Comunhão • 221
... *de pensamentos* • 148, 289
Comunicação • 181, 270
Comunicações urbanas • 185
Comunicando (com os pavimentos inferiores) • 170
Comunicavam • 179
Comunidade • 310

Concatenar ideias • 19
Conceitos carinhosos • 186
Concentrados do mal • 153
Concepções grandiosas • 215
Concessões justas • 226
Concurso • 208
... *do tempo* • 135
... *fraterno* • 153, 204
Condição
... *de alma decaída* • 285
... *de criminosa* • 205
... *inferior* • 241
Condicionados a fronteiras psíquicas • 155
Conduta (pessoal pela insensatez) • 249
Conferência da Ministra • 237
Conferências (dos Ministros da Regeneração) • 207
Confessava-me • 221
Confiança filial • 253
Confiar • 311
Confissão penosa • 262
Confortador (e construtivo) • 289
Confortável aposento • 26
Conforto
... *material* • 263
... *místico* • 21
Confraternização • 280, 301
Congregar energias • 153
Congregavam • 173
Conhecer (visitar e analisar) • 162
Conhecia as letras do velho testamento • 17
Conhecimento • 292
... *de André Luiz* • 20
... *superior* • 300
Cônjuges • 331, 334
... *espirituais* • 251
Consanguinidade • 256
Consciência • 16, 17, 21, 204, 221, 236
... *atormentada (André Luiz)* • 16
... *profunda* • 101
Consciente • 301
Conselho • 162, 183, 199

Conservação • 209
Conservar • 189
Considerações
... divinas • 278
... estonteantes • 16
Consolação que me chegava • 22
Consolador (da humanidade encarnada) • 287
Consomem (nossas forças) • 285
Consortes • 252
Construções • 25, 68
... espirituais • 256
... transitórias • 243
... vibratórias • 255
Contágio • 187
Contagioso • 275
Contato
... com as atividades das câmaras retificadoras • 169
... direto com os enfermos • 185
... do termômetro (reminiscências da encarnação) • 20
... elétrico • 179
Contemplação • 215, 216
Contendo o pranto • 262
Contentamento • 159, 185, 332
Conteúdo
... espiritual • 245
... espiritual da hora • 235
Contingência • 306
Continuava (a ser eu mesmo) • 21
Conto de fadas • 298
Contos (de réis por libras esterlinas) • 175
Contra
... o assédio das trevas, acendamos a luz • 156, 157
... o medo • 275
Contraproducentes • 233
Contribuição de esclarecimento • 238
Convalescente que voltou da Terra {em repouso na casa de Lísias} • 119
Conveniências pessoais • 279

Conversação • 283
... mental • 331
Conversações
... do Governador • 207
... fraternas • 315
Conversar a distância {telepatia} • 331
Converter • 308
Convicções religiosas • 326
Convicto • 15
Convincente • 278
Convite amável • 232
Convocação superior • 269
Convocando-lhe (os raciocínios à zona superior) • 223
Cooperação • 89, 208
... magnética do enfermeiro • 31
Cooperadores • 23
... essencialmente divinos • 241
... técnicos da reencarnação • 313
Cooperai conosco • 156
Cooperar • 236
Copa (das grandes árvores) • 284
Cópia da Terra (quase tudo melhorado) • 49
Copioso pranto • 21
Cor • 293
Coração • 15, 17, 18, 20, 162, 163, 174, 179, 182, 201, 233, 250, 251, 281, 295, 296, 314, 323, 328
... aos saltos • 15
... azul (imagem na tela) • 29, 113
... de outra • 226
... empedernido • 19
... envenenado • 305
... oprimido • 260
... pulsava • 91
Corações • 269, 307
... bem-amados • 212
Coragem • 223, 253, 261, 305, 311
... meu filho • 22
Coral de duas mil vozes • 276
Cordas afinadas • 317
Corei de vergonha • 223

Cores • 49
... *diferentes* • 209
Coreto (gracioso) • 299
Corisco • 325
Coro familiar (gracioso) • 317
Corpo de sentinelas • 200
Corpo físico • 20, 26, 40, 51, 56, 71, 82, 93, 104, 125, 155, 187, 292, 297
... *causal* • 80
... *somático {primeira referência – médico Henrique de Luna}* • 33
apegado ao ... • 187
deixado o ... • 20
elimina-se o ... • 40
esfera do ... • 93
fornece-lhe o ... • 71
havia deixado o ... a contragosto • 20
morte do ... • 51, 56, 82, 104, 155
restabelecer-te o ... • 125
vivificava o ... • 26
Corpo orquestral • 299
Corpos materiais • 293
Corrente espiritual • 228
Correr (desabaladamente) • 172
Cortina (de substância cinzenta cobriu toda a câmara) • 321
Cortou a vida (a entezinhos frágeis) • 204
Cozinheira • 249
Craveira comum • 17
Créditos espirituais • 188, 313
Credor implacável {o pai de André Luiz} • 227
Creem (mais na doença que na saúde) {numerosos crentes} • 288
Crente • 204
Crentes • 287
... *negativos* • 176
Crepúsculo • 179, 272
Crescente (júbilo e confiança) • 303
Crescera-me a barba • 19
Criação • 235, 334
... *mental* • 240
... *mental (negativa)* • 189

Criações
... *inferiores* • 256
... *mentais destrutivas* • 241
Criança • 22, 232, 323
... *ansiosa* • 261
... *que conhece o benfeitor* • 173
Crianças • 210, 249, 280
... *assassinadas ao nascerem* • 202
... *e jovens dos educandários de Nosso Lar* • 210
cuidar de ... (horas contadas em dobro) • 131
Criar (pensamentos novos) • 45
Criatura • 202, 203, 269, 289, 329
Criaturas • 174, 222, 243, 286, 291
... *em labores de evolução* • 235
... *nestas condições* • 201
Crime • 279, 326
... *como enfermidade d'alma* • 280
... *de assassinar* • 203
Crimes • 153
... *nefandos* • 203
Criminoso • 17, 19, 193
Criminoso atrevimento • 161
Criminosos • 222, 280
Crise • 189
... *de grandes proporções* • 172
... *muito aguda* • 191
... *orgânica é inevitável* • 157
Cristo • 27, 118, 161, 278
Criteriosos conceitos • 162
Crítica de escritores • 17
Crosta • 181, 306
Crueldade • 172, 272
Cuidado • 231
Cuidados
... *especiais* • 203
... *permanentes* • 209
Cuidadoso • 176
Cuidar dos enfermos • 304
Culpado • 294
Culto • 279
... *da música* • 299
... *doméstico do Evangelho* • 320
... *evangélico* • 275, 277

... *familiar* • 315
... *vivo* • 334
Cultura • 21, 162, 245
... *intelectual* • 20, 300
... *já adquirida* • 239
Cumprir religiosamente • 226
Cunhada (solteira) • 249
Curados • 288
Curativos dolorosos • 20, 41
Curiosas • 213
Curiosidade • 173, 195, 210, 277
... *sadia* • 207
mera ... *(abandonar)* • 160
mera ... *pessoal* • 184
Curioso • 200
Curioso olhar • 165
Curso de trabalhos • 237
Cursos de espiritualização • 241

·[D]·

Dádiva (sublime) • 287
Dádivas (do conhecimento superior) • 300
Dardejante olhar (de extrema cólera) • 205
Dava-me (todo à oração) • 165
De guarda • 181
Debalde • 176
Débito • 261, 307
Débitos • 203
... *reconhecidos* • 226
Decepcionado e acabrunhado • 325
Decepções • 327
Decisões do destino • 214
Dedicação espiritual • 238
Defensiva • 283
Defesa
... *do bem* • 280
... *justa* • 268
... *natural* • 312
Defesas (são mais fortes) • 292

Deixado (o corpo) • 225
Deliberações (de serviço noturno) • 185
Delicada (operação dos intestinos) {reminiscências da encarnação} • 20
Deliciosos recantos • 208
Demência
... *dolorosa* • 188
... *total (reduziu-se)* • 189
Dementado • 173
Dementes • 223
Demônio • 204, 222, 223
Demoram na Terra • 212
Densidade da matéria • 217
Departamento • 310
... *de contas* • 309
... *feminino* • 224
... *feminino (das Câmaras de Retificação)* • 259
... *masculino* • 260
Departamentos regeneradores • 276
Depende (do seu esforço) • 186
Derradeiras notas • 319
Derrotas fatais • 268
Desagradável • 173
Desalento • 21
Desânimo • 15, 20
Desapaixonadamente • 214
Desapontado • 215
Desapontamento • 228, 283
Desastre • 271
Desavenças • 196
Descansado • 199
Descansar • 23
... *o pensamento* • 193
Desceu • 281
Desconcertado • 228
Descortinou-se (campo enorme de providências) • 182
Descuido • 214
Desejava (pedir desculpas) • 226
Desejo
... *de aprender* • 187
... *incontido de bem-estar* • 18
Desencarnação • 256

D

Desencarnada • 249
Desencarnados • 242
Desenlace • 196
Desentendimento (e maldade) • 290
Desequilibrados do sexo • 199
Desequilíbrio mental • 179
Desequilíbrios
... do sentimento • 183
... fortes • 192
Deserto • 18, 162, 308
Desespero (atingia o auge) • 19
Desfaziam • 281
Desígnios superiores • 279
Desilusões • 264, 325
Desligou o aparelho • 157
Deslumbramento • 277
Desordeiras • 268
Desordem • 280
Despedida • 243, 320
Desperdício de energia • 280
Despertar • 237
... na paisagem úmida e escura • 20
Despertasse (à maneira
de aleijado) • 18
Despojos • 187
... humanos • 171
Desprendera (dos últimos
laços físicos) • 16
Desprender-se (dos laços mais
fortes do mundo) • 172
Destinos cristãos • 211
Destra • 251
Destruição • 268
Desvelada genitora do
meu amigo • 160
Desventura • 22
Desventurada • 203
... criatura • 203
Desvios • 183
Detalhes • 200
Detritos da terra • 242
Deus • 22, 99, 116, 163, 197, 201, 204, 221, 234, 235, 250, 327, 328
Devedor • 307
Dever • 168

Deveres
... cristãos • 202
... de fraternidade • 18
... justos • 334
Devorava as folhas
desconhecidas • 21
Devorou excessos de substâncias
no banquete • 157
Devotamento de pai • 330
Dez anos {consecutivos
de trabalho} • 183
Dezembro • 209
Dezenas (de mulheres) • 260
Dia imediato • 159, 237
Diabólicas • 285
Diagnosticar seguramente • 324
Dias longos • 20
Dificuldade • 333
Dignidade espiritual • 184
Digno • 280
Diligência • 217
Dimensões • 208
Dinheiro fácil • 195
Dinheiro • 194, 196, 229
Dinheiros • 220
Direito
... de experiência maior • 160
... sublime da vida • 203
Direitos novos • 161
Diretrizes novas • 328
Disciplinar os lábios
(Clarêncio) • 45
Discutir • 196
Disparates • 175
Dispensara (aos filhinhos
ternuras incessantes) • 214
Displicência • 192
Disposição
... comum • 239
... dos móveis • 315
Disposições testamentárias • 196
Dispositivos legais • 226
Disposto • 181
... à colaboração • 168
Distância não era pequena • 68, 200
Distante do lar • 172

·[D/E]·

Distúrbios • 273
Divagações • 180
Diversos setores (de nossa atividade espiritual) • 155
Dívida (era inteiramente minha) • 261
Divina
... compreensão • 234
... música • 154
Divino • 241, 287
Divisar (outros detalhes) • 200
Doador universal • 89
Doce convívio dos meus {de André Luiz} • 20
Documentos assinados • 226
Doença • 288
... é mestra da saúde • 271
Doente • 173, 186, 187, 191, 199, 330, 332
... de toda espécie • 290
... do espírito • 218
... espiritual, 38
... se pôs a chorar convulsivamente • 193
... sob amparo forte • 219
Dois
... companheiros • 23
... vultos • 216
Dolorosas impressões • 174
Doloroso • 199, 284, 286
... aprendizado • 248
Doméstico • 258
Domingo • 210, 275, 276
Dona da casa • 258, 310, 314, 321
Dono da casa • 246, 251
Dor • 46, 101
... da vergonha • 34
Dores amargas, sem proveito para ninguém • 161
Dormir • 313
Doutrinar • 221
Doze
... Ministros da Regeneração • 277
... horas • 182
Drama terrestre • 255

Duas mil vozes (ao mesmo tempo) • 276
Duende • 15
Duzentos
... anos • 211
... companheiros • 334

·[E]·

Ébrio (de felicidade) • 324
Edificação eterna • 185
Edificações (do mundo) • 161
Edifício (de aspecto nobre) • 170
Edifícios • 38, 49, 55, 69, 272, 286
... me pareceram colmeias de serviço intenso • 169
Educação visual {André Luiz necessita de} • 201
Educandários (nossos) • 210
Efeito
... da graça misericordiosa do altíssimo • 167
... legal • 226
Efeitos • 242
Eficácia • 22
Egoísmo • 290
... destruidor • 18
... feroz • 328
Eleitos • 201
Elemento feminino • 300
Elementos (de perversão) • 268
Elevação em conjunto • 183
Elevadas revelações • 292
Elevado número (de espíritos libertos de todas as limitações) • 155
Eliminação (de nascituros) • 203
Elixir de esperança • 22
Elos quebrados • 228
Elucidações • 261
Em benefício (da paz na Terra) • 156
Em favor (da concórdia) • 155

Emanações
... cadavéricas • 176
... do eucalipto e da
  mangueira • 333
... mentais • 173
... pestilentas (do ódio) • 286
Embaixadores (da harmonia) • 112
Embarcação • 232
Embora (tentasse) • 163
Embriagado de alegria • 323
Emergência • 23, 331
Emergências • 276
Eminência florida • 239
Emissário
... de Deus • 23
... dos Céus • 22
Emissora do Posto Dois, de
  Moradia • 153, 155, 156
Emoção • 199, 235
... forte • 264
Empolgar • 173
Empreendimento • 209
... bélico • 267
... da ignorância e da sombra • 268
Empréstimos (à maldade) • 307
Encadernação • 245
Encantamentos • 298
Encantos naturais • 208
Encarnações (pregressas) • 135
Encarnados • 172, 181,
216, 242, 285, 292
... na Terra • 210
... não nos ajudam • 285
... no mundo • 15
Enciumada • 249
Enclausurada • 220
Encontrava a consciência
  vigilante • 21
Encontro singular • 225
Encorajamento (e consolação) • 327
Encorajou-me (o espírito
  hesitante) • 159
Endosso • 183
Energia • 172, 241, 280, 301, 312, 331
... do coração • 280

... do moço • 277
... dos ouvintes • 280
... mental • 316
... na hora da alimentação
  {à mesa} • 121
... nova • 234
... vivente • 293
nossa ... • 156
Enferma • 311
... ambulante • 205
Enfermagem • 182
... dos perturbados • 88
Enfermeira • 187, 192,
200, 208, 217, 223
... bondosa • 191
Enfermeiro • 156
... amigo • 154
Enfermidade • 290, 311
... d'alma • 280
Enfermo • 172, 173, 184, 188, 195, 325
... experimentou melhoras
  sensíveis • 333
Enfermos • 199, 219, 231, 270, 288
Enfraquecidos • 180
Enfrentar o desconhecido • 187
Engolfado (nas vaidades da
  experiência humana) • 22
Enlouquecera • 21
Enorme
... aparelho {demonstrações pela
  imagem = cinematógrafo
  terrestre} • 208
... distância • 216
... parque • 199
... recinto verde • 277
Enormes
... corredores • 219
... frondes • 332
... manadas (de seres
  animalescos) • 21
Ensaiar • 226
Ensejos a disparates novos • 175
Ensinando-me (com
  exemplos) • 250
Entardecer • 245

Entender (todas as misteriosas
  belezas da oração) • 22
Entendimento • 329
  ... fraterno • 258
Enternecidos • 320
Enternecimento filial • 163
Entes malditos • 238
Entezinhos frágeis • 204
Entidade • 312
Entidades • 239, 267, 272
  ... de natureza masculina • 174
  ... espirituais • 332
Entoando (o hino) • 278
Entonação (doce e enérgica,
  amorosa) • 278
Entrelaçados (em teia de
  amizade) • 163
Entretenimentos • 254
Envenenados • 290
Envergonhado • 261
Enxugava os olhos • 236
Epílogo • 262
Episódio (fortuito da
  existência) • 261
Equilibrada • 184
Equilíbrio
  ... emocional • 304
  ... moral • 153
Erros • 235
Esboçou (um sorriso muito triste e
  agradeceu com lágrimas) • 173
Escandalizado • 202, 221
Escassas possibilidades (à colaboração
  de natureza espiritual) • 156
Escassos (exemplos humanos) • 162
Esclarecimento a granel • 175
Escolas
  {parques de educação do Ministério
    do Esclarecimento} • 208
  ... contra o medo • 284
  ... dos ministérios • 140
  ... religiosas • 241
Escravo • 307
Escravos • 221
Esculturados • 209

Esfera • 227
... carnal • 236, 321
... diferente • 16
... do pensamento • 267
nossa ... • 240
Esferas • 301
... da carne • 194
... da crosta • 162, 181
... de vida (em toda parte) • 293
... do globo • 153, 235
... inferiores • 279
... inferiores {André Luiz, mais
  de oito anos nas...} • 51
... mais altas • 188
... resplandecentes • 211
... superiores • 210, 292
nossas ... • 161
Esforço • 182, 194, 208, 310
... ativo • 283
... da resistência • 19
... de consertar • 257
... diário • 234
... purgatorial • 223
Esgotamento • 23
Esmurrava o ar • 19
Espaçosa sala de estar • 315
Espaçoso edifício • 165
Espantadiço • 186
Espantado • 187
Espanto • 176
... natural • 270
Especial carinho • 232
Especialização • 162
Espécie (de vômito escuro
  e viscoso) • 176
Esperado com urgência • 166
Esperança • 210, 220, 290, 314
... ao aflito • 234
... de uma raça • 162
... e otimismo • 288
Esperanças • 301
Esperando o céu • 204
Esperar (alguns minutos) • 201
Espetáculo • 286, 298
Espicaçava o coração • 303

Espiritismo • 08, 09, 287, 315, 326
... é a nossa grande esperança • 287
Espírito • 15, 162, 179, 235, 292, 306
... de amor e renúncia • 248
... de amor e sacrifício • 212
... de boa vontade • 162
... de compaixão • 218
... de investigação • 161
... de pesquisa intelectual é muito forte • 160
... de renúncia • 308
... de serviço • 161, 167, 279
... desassombrado e leal • 161
... dos meus familiares • 214
... é núcleo irradiante de forças criadoras • 83
... frágil • 166
... humano • 269, 285
... imprevidente • 333
... pode aprender • 162
Espíritos • 180, 256
... amados • 183
... benfeitores • 171
... desordeiros • 280
... diabólicos • 197, 220
... endividados • 203
... eternos • 17
... infelizes • 331
... materializados • 288
... missionários • 286
... nobilíssimos • 291
... nobres e sábios • 268
... poderosos • 216
... superiores • 268
... vigilantes • 270
Espirituais • 175, 256
Espiritualidade • 175
... superior • 28, 70, 148
Espiritualmente • 235
Esposa • 172, 253, 272, 304, 325, 328
... e filhos • 18
... e os filhinhos • 324
minha ... (de André Luiz) • 20
Esposo • 249, 310, 314
Esposo e pai • 214

Esquadrinhar razões • 19
Esquecer • 172, 193
Esquecido • 18
Esquecimento • 256, 298
Esquisitices • 196
Essência divina • 291
Estabelecer (novas diretrizes ao pensamento) • 19
Estabelecimento comercial • 226
Estação (de aprendizado) • 166
Estacionara (voluntariamente) • 17
Estado
... é ainda tão grave • 188
... mental {ódio e displicência} • 192
... se agravava • 330
Estagiário • 174
Estágios (de serviço) • 166
Estava radiante • 159
Estio • 293
Estradas floridas • 300
Estrado • 317, 321
Estranha viagem • 16
Estranho
... ao prazer das muitas indagações • 165
... convite • 154
Estreia no trabalho • 231
Estreita ligação (com o enfermo) • 331
Estrelas • 292
... distantes • 208
Estudiosos (em geral) • 207
Estudo
... recíproco • 254
... sério • 195, 250
Etapas terrenas • 252
Eterna sabedoria • 216
Eterno • 238
... Pai • 22
Eu era alguma coisa (André Luiz) • 21
Europa • 269, 286
Eutanásia • 191, 196

Evangelho • 17, 229, 300
... de Nosso Senhor Jesus
  Cristo • 278
... de Jesus • 234
... redentor • 312
Evitar (o caminho da amargura) • 18
Evolução terrestre • 156
Exalação • 173
Examinar pormenores • 323
Exaustão • 21
Exausto (em pleno deserto) • 18
Excessivamente
... centralizados • 156
... generosos • 17
Excessos • 33
Exemplos edificantes • 330
Exercícios
... contra o medo • 275
Exércitos de defesa • 312
Exibiu (terrível carantonha
  de ódio) • 204
Exílio amarguroso • 311
Existência • 204
... humana • 240
... secular • 241
... terrestre • 17, 256
Ex-médico • 167
Expediente • 159
Expelir (negra substância
  pela boca) • 176
Experiência
... animal • 257
... carnal • 256
... de sexo • 257
... do casamento é muito
  sagrada • 257
... dolorosa • 331
... humana • 22
... material • 21
... terrena • 256
... terrestre • 203
minha ... dolorosa (André
  Luiz) • 331
Experiências • 256
... consanguíneas • 193

... dolorosas • 263
... humanas • 309
Experimentava
... agora a necessidade de
  conforto místico • 21
... novo gênero de atividade
  mental • 165
Experimentei
... a felicidade • 163
... a mesma surpresa • 216
Explorando (a infelicidade) • 203
Expressão
... carinhosa • 163
... de fraternidade • 330
... de pavor • 195
... fisionômica • 306, 323
... íntima • 173
Expressiva (inflexão de voz) • 287
Expressivo gesto • 197
Expressões
... animalescas • 15
... festivas • 283
... melódicas • 301
... parasitárias • 233
Extasiando-me • 215
Extensa (humanidade invisível) • 83
Extensos corredores • 170
Extraordinária (reação) • 333
Extraordinários (créditos
  espirituais) • 313
Extravasando do coração • 20
Extrema
... curiosidade • 220
... desventura • 22
... preocupação • 191, 323
Extremamente fatigados • 181
Extremas perturbações • 193

·[F]·

Fábricas (de Nosso Lar) • 169

Facho
... *incendiário da guerra* • 153
... *resplendente* • 301
Fácies monstruosas • 171
Fácil deslizar (na posição nova) • 160
Fadiga (dos braços) • 182
Faixa de entrada • 299
Falanges (da ignorância) • 153
Falência
... *desastrosa* • 226
... *do amor próprio* • 21
Falta (de preparação religiosa) • 287
Faltas
... *cometidas* • 261
... *veniais* • 221
Família • 18, 20, 44, 45, 50, 104, 112, 133, 149, 173, 194, 265
... *de André Luiz* • 44, 104
... *de Lísias* • 112, 134
... *de Paulina* • 196
... *humana* • 18
... *universal (nossas famílias são seções da)* • 45
minha ... • 328
Familiares e amigos (muitas semanas sem a visita de) • 50
Faminta (de luz) • 238
Faminto • 234
Fantasma diabólico • 186
Fantasmas • 215
... *da cruz {entidades com medo dos socorristas iluminados}* • 286
Fascinação • 207
Fatalidade • 307
Favor • 205
Favorecido pela sorte • 226
Fazendas • 222
Fazendo • 175
Fé • 17, 285
... *e a confiança* • 287
... *manifestação divina* • 17
Feiticeiro • 204
Feitores • 221
Fel venenoso (da ilusão) • 263

Felicidade • 163, 234, 248, 255, 312
... *que nasce dos afetos puros* • 163
um átomo de ... • 194
Feliz • 320
... *e honrado* • 182
Fenomenismo passageiro • 288
Feras insaciáveis • 21
Férias periódicas (trabalho em Nosso Lar) • 58
Feridas benéficas • 328
Fervorosa oração ao Pai • 331
Festa • 211, 284
... *íntima* • 309
... *permanente do perfume e da cor* • 233
Festejos da Elevação • 304
Festividade • 276, 277
... *de alegria, amor e união* • 308
Fibras mais íntimas • 154
Ficha de serviço individual {registro dos bônus-horas} • 139, 144
Figura do locutor • 153
Figuras negras • 325
Filamentos
... *e fios* • 216
... *estranhos* • 215
Filas de camas • 173
Filetes d'água • 21
Filha • 192
... *dedicada {Paulina em auxílio ao pai}* • 191
... *mais jovem* • 326
Filhas
... *do coração* • 330
... *e a neta da senhora Laura* • 317
Filhinho • 249
Filhinhos • 214, 304, 305
Filho • 162, 233, 305, 330
... *agradecido* • 162
... *de Deus* • 22, 167
... *de pais (talvez excessivamente generosos)* • 17
... *do inferno* • 193
... *leviano* • 193
... *varão* • 327

meu ... • 193
Filhos • 17, 242, 295, 319
... amados • 310
... chorosos • 172
... de Deus • 201, 308
... de Satã • 222
... do seu coração • 308
... meus • 320
... perturbados • 194
Filosofia (do imediatismo) • 17
Filosofia edificante • 300
Financeira • 227
Fingia dedicação • 249
Fios • 216, 315
... invisíveis • 83
Firmamento • 208
... maravilhas de cor,
  perfume e luz • 293
Físicos • 294
Fisionomia • 200, 277
... abatida • 154
... das enfermas • 260
... desagradável • 192
Flor • 299
... de estufa • 18
... tenra (dos campos agrestes) • 22
Florações doutrinárias • 287
Flores • 207, 245, 299
  {que retêm a luz} • 233
... da vida • 329
... eram dotadas de singular
  propriedade • 233
Fluidos • 332
... carnais • 80, 97
... criadores de energias novas • 234
... divinos • 27
... pesadíssimos • 180
... pesados e venenosos • 121
... salutares e reconfortadores • 187
... venenosos • 286
... venenosos que segregam • 176
... vitais • 189, 242
Folhas
... caprichosas • 213
... desconhecidas • 21

Fome • 19, 21, 174
Fonte divina • 287
Fontes luminosas • 298
Forasteiros • 210
Força
... mental • 172, 241
... viva • 242
Forças • 165, 172, 262
  {mentais em litígio} • 193
... agressivas • 312
... contrárias • 308
... da sombra • 279
... destrutivas • 203
... Divinas da Criação • 236
... Divinas • 166, 238
... do mal • 268
... irresistíveis (me tornara
  joguete de...) • 15
... irresistíveis, a impelirem-
  me para a frente • 21
... mais profundas • 275
... naturais • 332
... negativas • 33
... obscuras • 153
... para realizá-lo • 165
... perversas • 19
... que me restavam • 22
... tenebrosas • 155, 286
... vibratórias • 148
Formas • 208
... análogas às do planeta • 240
... diabólicas • 15
... escuras • 332
... mentais (odiosas e
  perversas) • 218
Formosa biblioteca • 245
Formosos pensamentos • 209
Formosura • 209
Fortaleza moral • 20
Forte • 181
... criação mental • 189
... dispneia • 330
... vampiro • 202
Fortuna • 221
... de um milhão e quinhentos

mil cruzeiros • 194
Fotografia viva (dos seus
  pensamentos e atos) • 204
Fracassos • 161, 311
Fraco • 172
França • 242
Frangalhos humanos • 259
Fraquezas • 203
Frase doutrinária • 262
Frases dolorosas • 171
Fraternal • 162
Fraternalmente • 166, 245
Fraternidade • 258, 290
  ... *humana* • 258
  ... *legítima* • 248, 251, 334
  ... *real* • 255
Fraternidades
  ... *da Luz (presidem os destinos
    da América)* • 156, 211
  ... *do Oriente* • 267
Frioleiras (de toda sorte) • 214
Frondejante (vegetação) • 209
Frondes (diversas) • 246
Fronte • 196
  ... *do enfermo* • 172
Fronteiras
  ... *do túmulo* • 175
  ... *vibratórias* • 280
Fruir (a paz desejada) • 201
Frutas • 115
Frutos do bem (ou do mal) • 262
Fugia sempre • 16
Funcionário • 313
Funcionários • 309
Fundo
  ... *de minh'alma* • 320
  ... *do abismo* • 291
Fundos (do enorme parque) • 199
Furnas (do mal) • 292
Fusão (de sentimentos) • 317
Futura experiência na Terra
  {reencarnação} • 184
Futuro • 194

·[G]·

Gabinete
  ... *da Governadoria* • 313
  ... *de trabalho* • 153
  ligando-se ao ... *{interfone}* • 168
Gabinetes
  ... *de investigações e pesquisas
    {do Ministério do
    Esclarecimento}* • 89
  ... *políticos* • 155
Ganga (do precioso metal) • 297
Ganhar (distância e tempo) • 334
Garbosa • 324
Gargalhadas
  ... *sarcásticas* • 19
  ... *sinistras* • 15
Gastando (interesse espiritual) • 223
Gemidos • 171
  ... *lancinantes* • 259
Gênero
  ... *de tarefa* • 167
  ... *de vida* • 195
Generosas palavras (de otimismo
  e esperança) • 173
Generosidade
  ... *afetuosa* • 261
  ... *e sacrifícios* • 18
Generoso
  ... *irmão* • 283
  ... *Ministro* • 166
Gênio • 301
Gênios diabólicos • 242
Genitor • 188, 196, 266
  ... *na carne* • 188
Genitora • 185, 307
  ... *de Lísias* • 163, 199, 232
Gente dessa laia • 222
Geração • 21
  minha ... • 21
Gerações
  ... *mentais* • 242
  ... *transitórias* • 17
Germes divinos • 18

G

Gesto
  ... *afetuoso* • 225
  ... *de amor* • 234
  ... *humano* • 188
  ... *significativo* • 201
  ... *significativo com o indicador* • 175
Gestos de ternura • 234
Glicínias • 245
  ... *e lírios* • 147
Globo • 319, 320
  ... *cristalino (da altura de dois metros presumíveis)* • 315, 316
Glória • 310, 311
Gorjeio celeste • 317
Governador • 211, 239, 299, 313
Governador de Nosso Lar {114 anos de governo} • 56, 58, 62, 63, 65, 75
  ... *apoiado em um bordão* • 277
  ... *não tira férias nunca* • 76
Governadoria • 27, 61, 211, 276, 335
  tarefas da ... • 77, 149
Governos • 155
Graça (misericordiosa do Altíssimo) • 167
Graças ao Pai • 189
Grades (escuras do horror) • 15
Grande
  ... *alegria* • 159
  ... *amor* • 295
  ... *assembleia* • 239
  ... *bondade* • 169
  ... *caminhada* • 20
  ... *cancela* • 200, 215
  ... *cometimento {reencarnação}* • 309
  ... *comoção* • 188
  ... *coro (do Templo da Governadoria)* • 276
  ... *crucificado* • 280
  ... *dificuldade no capítulo do intercâmbio* • 154
  ... *equilíbrio espiritual* • 271
  ... *esperança* • 287
  ... *instrutor* • 258
  ... *Jerusalém* • 281
  ... *número de enfermeiros* • 182
  ... *parque* • 207, 269
  ... *perigo (egoísmo)* • 311
  ... *portão (das Câmaras)* • 213
  ... *portão (que dá para os campos de cultura)* • 200
  ... *portão de entrada* • 216, 324
  ... *quietude* • 317
  ... *recinto verde* • 284
  ... *retrato* • 324
  ... *salão* • 238
  ... *salão natural* • 276
  ... *sombra* • 18
  ... *sono* • 20
Grandes
  ... *árvores* • 233
  ... *carros* • 217
  ... *compositores terrestres* • 301
  ... *curvas* • 291
  ... *distâncias* • 333
  ... *fábricas de Nosso Lar* • 169
  ... *fileiras das árvores* • 207
  ... *Fraternidades do Oriente* • 267
  ... *instrutores* • 241
  ... *oficinas (do progresso comum)* • 268
  ... *olhos lúcidos* • 22
  ... *patrimônios materiais* • 194
  ... *recintos terrenos* • 208
Grandeza divina • 311
Gratidão • 181
Graves pensamentos • 307
Gravidade • 181
  ... *da hora humana* • 154
Gravitação • 293
Gritar • 202
Gritava • 172, 174, 186
Gritei (como louco) • 15
Gritos • 19
Gritou • 172
  ... *o doente em voz estentórica* • 193
Grupo
  ... *de visitantes* • 284
  ... *espiritual* • 330

... estranho • 217
... familiar • 17
... gracioso • 301
Guardas espirituais • 307
Guardava a impressão • 15
Guardavam-se • 225
Guerra • 153, 268, 269, 270, 272, 285
... europeia • 267
Guerras • 278
Guerreiros • 292
Guisa de maca • 23

·[H]·

Há mais de mil anos • 212
Habitação • 163, 240
Habitantes educados • 311
Harmonia • 301
... doméstica • 221
Harmonias suaves • 276
Harmoniosa • 317
... sonoridade • 153
Harpas caridosas • 278
Helênico • 209
Herança • 191, 195
... ao lar • 144
Higiene espiritual • 153
Hino • 280
Hinos de alegria interior • 179
Hipertensão • 324
Hipocrisia • 203
Hirto • 187
História • 248
Homem • 155, 229, 255, 287
... comum • 257
... da Terra • 328
... de idade madura • 325
... encarnado • 117
... é semente da divindade • 288
... insaciável • 157
... mais forte conhecerá limites à resistência emocional • 20

... silencioso sustinha o leme • 232
Homenagem (ao Mestre dos mestres) • 210
Homenagem afetuosa • 309
Homenagens festivas • 212
Homens • 242, 287, 297, 311
... bons • 238
... de substância indefinível • 215
... eminentemente cultos • 293
... espiritualizados • 288
... inteligentes e instruídos • 285
Homenzinho (de semblante singular) • 199
Homicidas • 203
Homicídios • 292
Homogeneidade de pensamentos • 317
Honras de cavalheiro • 298
Honrosa conquista • 212
Honrosa mercê • 211
Horas
... convencionais • 179
... de serviço • 210, 310
... de trabalho útil • 211
Horizontes do porvir • 308
Horror • 15, 188, 268
... de mim mesma • 264
Horrorizam-se (do corpo) • 189
Hortênsias • 245
Hospedam • 210
Hóspede • 248
Hospício • 194, 286
Hospital • 264
... de sangue • 171
Hospitalidade • 181
Humana • 184
Humanidade • 17, 293
... carnal • 157, 241
... encarnada • 287
... encarnada (nossa família) • 156
... invisível do planeta • 155
... terrestre (milhões de seres) • 155
Humildade • 166, 264
... digna • 248
... e resignação • 219

Humildes filetes d'água • 21
Humilhação • 22
Humilhado • 161
Humilhava-se • 226

•[I]•

Íbis viajores {com os
  Samaritanos} • 218
Idade infantil • 238
Ideia • 15
  ... confortou-me • 21
  ... criminosa • 242
  ... de espiritualidade • 189
  ... nova (de fraternidade e fé) • 223
Identificando-me a ansiedade • 168
Idioma português • 154
Ignorância • 153, 238, 249, 279
Ignorante • 272
Ignorar o próprio fim • 20
Igrejas • 287
Iluminação (com o Cristo) • 257
Iluminados {indivíduos dos
  Ministérios da Elevação e da
  União Divina} • 277
Iluminar raciocínios • 287
Ilusão • 308
Imagem
  ... do cadáver • 189
  ... literária • 293
  ... mental • 29, 202
Imaginar • 171
Imensa alegria (no olhar) • 187
Imensa angústia • 325
Imensa família humana • 18
Imensidade dos serviços
  espirituais • 154
Imenso afeto • 330
Imersos (em alegria
  indescritível) • 321
Iminência de tremendas
  batalhas {referência à II

Guerra Mundial} • 154
Imitando a criança aflita • 22
Imo da alma • 189
Impaciente • 202
Impactos diretos • 285
Imperativos (do dever justo) • 215
Imperceptíveis (ao meu olhar) • 200
Império
  ... da ilusão • 187
  ... da mentira • 255
Impertinente indiscrição • 252
Impetuosos tufões • 18
Implorava socorro • 200
Implorei piedade • 15
Importância
  ... da encarnação na Terra • 97
  ... do serviço maternal no
    plano terreno • 131
Imposição dos caprichos • 175
Imprescindível
  ... confessar a falência do
    amor próprio • 21
  ... fugir • 16
Impressão (de repugnância) • 192
Impressionado • 211, 212
Impressões de felicidade e paz • 233
Imprevidência • 197, 297
Imprevidentes • 174
Inadiável obrigação • 23
Inanição psíquica • 179
Incêndio • 308
Incidentes numerosos • 16
Inclinação (menos digna) • 267
Incompreensão • 256
Increpações • 20
Indecisão • 229, 262
Indecisos e inexperientes • 161
Indefinível ternura • 163
Indicações (para os seus
  novos caminhos) • 160
Indigente • 235
Inebriante perfume • 246
Inertes em leitos muito baixos • 175
Inexorável • 227
Infame • 19, 193
Infâmia • 204

Infantil • 233
Infelicidade • 203
Infeliz • 20, 193, 194, 205
... *mulher* • 200
Infelizes • 268
... *semimortos* • 175
Inferior • 306
Infernais • 256
Inferno • 193, 205, 220, 242
... *vivo* • 290
Infernos individuais • 197
Infinito da vida • 230
Inflexão carinhosa • 162
Influências • 312
Informações • 211
Informes • 210
Ingenuidade • 283
Ingresso nos ministérios • 161
Inimigos • 230
... *da criatura* • 275
... *verdugos* • 312
Injustificável desalento • 301
Inocente • 205
Inquieto • 215
Insensível • 324
Inspiração • 295
... *divina* • 293
Inspirações (que me inclinavam à humildade) • 166
Inspirava (mais piedade que simpatia) • 192
Instantes • 215
... *de folga* • 295
Instituto (de tratamento normal da saúde orgânica) • 171
Instrumentos musicais • 277, 317
Instrutora • 239
Instrutores • 208
... *não podem perder tempo* • 237
Insuportável • 249
Intelectual • 300
Inteligência
... *apurada* • 287
... *faminta de luz* • 238
Intempérie • 305

Intempestivo • 328
Intensidade (de culpa na falta cometida) • 292
Intenso júbilo • 281
Intensos esforços • 179
Intercâmbio • 151
... *clandestino (de alimentos)* • 64
Intercessão (de minha devotada e santa mãe) • 167
Intercessões • 95, 143
Intercomunicassem (pelas vibrações do pensamento) • 154
Interesse
... *fraternal* • 162, 220
... *próprio* • 229
Interior do parque • 299
Interiormente • 319
Interlocutor • 175, 310, 313, 324
Interlocutora • 163, 204, 223, 255, 257, 311
Interpelado • 271
Interrogação penosa • 174
Interrogações de vulto • 237
Intestinos {reminiscências da encarnação} • 20
Intuição • 242
Inundava o coração • 162
Inútil interrogação • 215
Invasão • 279
Investigando • 215
Invisível • 285
Irada • 204
Irmã • 183, 204
... *do coração* • 265
nossa ... • 323
Irmão • 172, 174, 180, 196, 298, 328
... *espiritual* • 192
... *necessitado de esclarecimento* • 193
meu ... • 160, 163
Irmãos • 239, 307, 334
... *da suportação {Ministério da Regeneração}* • 88
... *da Terra* • 216
... *em luta* • 235

I/J/L

... *ignorantes* • 176
... *mais velhos* • 241
... *muito amados* • 156
... *perturbados* • 223
... *terrestres* • 285
nossos ... *terrestres* • 285
Irmãs • 308
Ironia • 260
Irônicos • 16
Irradiar (apelo da colônia) • 155, 156
Irredutível • 226
Irritavam-me • 19
Isolamento (dos recalcitrantes) • 64
Itinerantes (da vida) • 291

[J]

Janelas amplas • 213
Jardim • 245, 296
Jardins • 25, 147
Joguete de forças irresistíveis • 15
Joguetes (em mão dos inimigos?) • 307
Jovem
... *casadoura* • 324
... *recém-chegada do planeta* • 258
Jovens • 249, 254
... *e crianças* • 210
... *inexperientes* • 203
Júbilo • 22
... *da família* • 18
... *e confiança* • 303
... *espiritual* • 289
... *geral* • 211
... *inexcedível* • 182
... *intenso* • 321
... *n'alma* • 333
Jumento • 257
Junto ao berço • 317
Justificar (novo consórcio) • 328
Justo • 185

[L]

Lábios • 260, 307
... *retraídos* • 192
Labirinto (que tracejam para os próprios pés) • 291
Labores • 279
Laços
... *da consanguinidade* • 256
... *físicos* • 314
... *mais fortes do mundo* • 172
desprender dos ... *físicos* • 16
Lacrimosa • 204
Ladrar de cães {acompanhando os Samaritanos} • 217
Ladrões • 327
Lago maravilhoso • 294
Lagos minúsculos • 209
Lágrima
... *de arrependimento e remorso* • 264
uma ... • 157
Lágrimas • 16, 22, 173, 196, 265
... *abundantes* • 326
... *longamente represadas* • 20
... *tão amargas* • 327
Laivo de malícia • 300
Lama
... *da estrada* • 21
... *da ignorância* • 308
Lamentação (enfermidade mental) • 45
Lamentável • 192
Lamentos (mais comovedores) • 15
Lar • 17, 127, 286, 317, 325
... *ângulo reto* • 128
... *é o sagrado vértice* • 128
... *paupérrimo* • 263
... *terrestre* • 127, 253, 303
... *Universal* • 242
Lares humanos • 290
Largos quarteirões • 169
Lastimar em silêncio • 154
Látegos • 238

· L ·

Latrocínios • 293
Legião especial (de defesa) • 280
Legiões
... da ignorância • 156
... de trabalhadores • 280
... infernais • 268
Lei
... da hereditariedade • 313
... do bem • 269
... do ritmo {sobre a reencarnação} • 135
... do trabalho • 76
Leis
... da simplicidade • 62
... evolutivas • 155
... que nos escravizarão ou libertarão • 293
... sociais (do planeta) • 297
Leitos • 259
... de tratamento • 224
muitos ... • 180
Lembranças tristes • 230
Lembrava (a assistência desvelada) • 20
Lembrei instintivamente • 321
Leproso • 234
Letras
... comuns • 309
... sagradas • 17
Levantar (o corpo) • 187
Levantar-me o ânimo • 168
Leve refeição • 159, 246
Liberdade • 297
... individual • 306
... irrestrita • 307
Libertar-se • 186
Lição • 205
... nova • 332
Licença • 334
Lições (de enfermagem) • 276
Ligado ao coração • 330
Limite vibratório • 279
Limites (à resistência emocional) • 20

Limpeza • 276
... e ornamentação • 276
Linfa (do verdadeiro amor) • 328
Linguagem, 154
... terrestre • 240
... universal • 240
Linhas retas • 291
Lírios • 245
Literatura {vantagens} • 112
Livre • 297
... de pecar • 221
Livre-arbítrio • 307
Livro luminoso • 278
Loba ferida • 249
Local destacado • 239
Locutor • 154
Londres • 175
Longa
... ausência • 323
... série de fios • 315
Longe da cidade • 334
Longo fio (de singulares proporções) • 215
Longos
... anos de sofrimento • 327
... haustos • 15
... períodos de desânimo • 20
Louca • 194
Louco • 15, 172
Loucos • 235
... furiosos • 286
... pacíficos • 286
Lua • 293
Luar • 147
... e serenidade • 215
Luta • 204, 267, 310
... judicial • 194
Lutam (desesperadamente) • 189
Lutando com sacrifícios • 155
Lutas
... pesadas • 161
... purificadoras • 294
Luxo • 263
Luz • 207, 265, 293, 312
... alvacenta • 16

... *de entendimento* • 229
... *do coração* • 17
... *do espírito* • 258
... *dormente e cariciosa do crepúsculo* • 334
... *primaveril* • 324
Luzes • 18, 170
... *de Deus* • 312
... *de indescritível beleza* • 298
... *do Evangelho redentor* • 311

·[M]·

Maca • 23
Mãe • 167, 182, 214, 227, 235, 304, 305, 309, 313
{... *de André Luiz*} • 95, 99, 100, 103
{*planejamento reencarnatório*} • 107
{*visita André Luiz*} • 98
... *de Lísias* • 165, 257
... *habita esferas mais altas* • 52
... *intercedeu* • 262
... *o ajuda dia e noite* • 51
minha ... • 227
Mães
... *cativas* • 221
... *fracassadas* • 262
Mãezinha (não reside em Nosso Lar) • 160
Magnanimidade • 335
Magnetismo espiritual • 70
Magnetização das águas • 70
Magnetizadores (do Ministério do Esclarecimento) • 136
Magnificências da paisagem • 232
Magníficos (aspectos da nova região) • 165
Magnos pensamentos • 334
Mágoas • 235, 328
Maio (de 1888) • 222
Mais
... *de um milhão (de criaturas)*

{*população de Nosso Lar*} • 279
... *infelizes* • 210
Mal • 187, 312
... *como desperdício de energia* • 280
... *delineava projetos de solução* • 16
Maldito • 196, 326
Malditos demônios • 220
Malfeitores • 280
Malícia • 220
Malvado • 196
Mamãe • 194, 195, 326
Manadas (de seres animalescos) • 21
Manchas pretas (cinquenta e oito) • 202
Mangueiras e eucaliptos • 332
Manhã • 231, 333
Manifestação divina • 17
Manipulou • 333
Mantivesse calma • 173
Mãos • 201
... *esqueléticas* • 171
... *paternais* • 22
Mãos-postas • 22
Máquinas • 218
Mar • 312, 323
... *de indagações* • 325
Maravilhosa harmonia • 299
Maravilhoso
... *azul* • 281
... *hino* • 276
Marcha • 287
... *para a glória de Deus* • 236
Marchemos (em socorro das coletividades indefesas) • 156
Marido • 226
... *imprudente e perverso* • 272
Martírio moral • 262
Más companhias • 195
Massa equórea • 218
Matam o tempo • 142
Matemática
{*espíritos dedicados às ciências matemáticas*} • 63, 94, 128
... *da morte carnal* • 175

· M ·

Material isolante • 316
Materializar-se • 258
Maternal • 162, 314
Maternidade (na Terra) • 204
Mateus (capítulo 24, versículo 6) • 278
Matilhas (de cães) • 217, 219
Matrícula na escola (contra o medo) • 284
Matrimônio espiritual • 252
Mau caminho • 229
Mecanismos (da casualidade) • 163
Medalha do mérito de serviço • 211
Medicina • 195, 203
... *preventiva* • 279
Médico • 196, 324, 333
... *estudioso (apaixonado de novidades e enigmas)* • 160
... *extremamente arraigado ao negativismo de minha geração* • 21
... *humano* • 294
Médicos
... *espirituais* • 85
... *na Terra* • 94
Medida • 239
Meditação • 334
Meditações preciosas • 329
Médiuns • 287
Medo • 275, 284
... *me impelia de roldão* • 16
... *terrível* • 15
Meia-noite • 180
Meiguice (maternal) • 162
Mel da sabedoria • 329
Melhoramento moral (de nós mesmos) • 279
Melindrada • 223
Melindroso estado de saúde • 325
Melodias • 277
... *da Terra* • 289
... *de beleza singular* • 276
... *e luzes* • 309
Memória • 260
Memórias {vidas passadas} • 136

Mendiga • 201, 202, 205
Mendigo infeliz • 18
Mendigos da alma • 175
Menino • 236
Meninos cantores (das escolas do Esclarecimento) • 276
Menos instruídos • 300
Mensageira do amparo • 308
Mensageiro • 191
Mensageiros
... *do bem* • 264
... *elevados* • 216
Mensagem • 200
... *de amor* • 317
... *silenciosa* • 300
Mensagens (silenciosas da ideia) • 242
Mente
... *dos agressores* • 268
... *é uma esponja* • 186
... *humana* • 153, 293
... *receptiva* • 51
... *vigorosa* • 194
Mentes
{...*humanas ligadas entre si}* • 83
... *desequilibradas* • 83, 194
... *evolvidas* • 242
Mercadorias • 175
Mercê (do mal) • 307
Merecimento indispensável • 161
Mérito • 238, 313
Mês • 209
Mesa • 121
Mestre • 209, 300
... *dos mestres* • 210
Metralha • 271, 286
Meu lugar é aqui • 167
Micróbios destruidores • 242
Mil
... *doentes (mais de)* • 38
... *interrogações* • 199
... *vezes (pior que a morte na Terra)* • 172
Milagre (da natureza) • 333
Milagres de felicidade • 328

Milênios sucessivos • 241
Milhares
   ... de assistentes • 278
   ... de entidades • 272
Milhões
   ... de entidades • 241
   ... de espíritos desordeiros • 280
   ... de seres (que perambulam no Umbral) • 291
Milionários • 234
Militares agressores • 286
Minh'alma • 18
Ministério • 159, 210, 246, 276, 278, 279, 285, 299
   tarefas de cada... • 76
Ministério da Comunicação • 75, 88, 110, 115, 151, 270, 272, 314
   ... recursos fluídicos para a jornada de regresso • 108
Ministério da Elevação • 115, 258, 278, 296
   cooperadores do ... • 277
Ministério da Regeneração • 75, 105, 113, 115, 179, 237, 246, 269, 275, 279, 283, 284
   {a mais baixa zona do} ... • 161
   {maiores perturbações no ...} • 76
   ... repleto de lutas pesadas • 161
Ministério da União Divina • 69, 70, 112, 115, 149, 157, 208, 278
   {somente quatro pessoas em dez anos ingressaram no ...} • 75
   cooperadores do ... • 277
Ministério do Auxílio • 55, 70, 75, 83, 95, 97, 110, 115, 131, 136, 137, 144, 147, 166, 169, 180, 182, 237, 278, 284, 285, 296, 309, 313
   deputação do ... • 284
Ministério do Esclarecimento • 75, 95, 110, 115, 128, 136, 278, 310
   ... parques de estudos e de experimentações • 218
   arquivos do ... • 136
Ministérios • 56, 208, 211
   {... em forma de triângulos, forma geométrica dos prédios} • 58
   ... que nos ligam mais fortemente à Terra • 160
Ministra • 208, 209, 330
Ministras (da Comunicação) • 240
Ministro • 287, 288, 311
   ... Clarêncio • 167, 213
   ... da Regeneração • 284
   ... do Auxílio • 56, 86, 91, 94
Ministros • 211, 239
   ... da Regeneração • 207
   ... visitantes • 207
   setenta e dois... • 56
Minudências informativas • 218
Minutos • 192
   ... longos • 216
   ... raros • 16
Miosótis celestiais {passe coletivo} • 29
Miserável • 202
   ... figura da mulher • 200
Misericórdia divina • 258
Missão
   ... distante (de Nosso Lar) • 188
   ... redentora • 216
Missas mensais • 220
Missionários do Umbral • 83
Missões
   ... de amor fraternal • 280
   ... de auxílio • 286
Mistério • 290
Misteriosas (belezas da oração) • 22
Misterioso instrumento • 269
Misto (de alegria e curiosidade) • 210
Mobiliário • 325
   ... dos salões • 208
   ... natural (salões verdes) • 209
Mobilizavam (todas as energias no afã de socorrer) • 219
Mocidade • 17, 162, 263
Modifica (a atitude mental) • 101
Modificação moral • 263
Modulações (estranhas e imponentes) • 269

·[M/N]·

Moléstia • 197
... de perigosa propagação {o medo} • 275
Momento
... do testemunho • 149
... não comportava divagações • 180
Monologar intimamente • 334
Monstro • 186
... é o ciúme inferior • 251
Mora • 226
Morada • 280
... espiritual • 279
Moradia • 153, 154, 157
... velha colônia de serviços • 154
Moribundo • 196
Morrendo (à fome e sede) • 174
Morte • 20, 249
... carnal • 175
... do corpo • 40, 82, 264, 293
... do corpo físico • 155
... física • 174
... suave • 196
... transformara • 17
Mortos • 326
Motilidade • 172
Motivo
... de júbilo • 247
... de justa alegria • 231
Móveis • 315
... e objetos • 111
Movimentar-se (em atividades nobilitantes) • 161
Movimento
... novo • 287
... popular • 270
Movimentos
... de ascensão • 232
... de respiração • 175
... do mal • 290
Muares terrestres • 217
Mudou radicalmente (a atitude mental) • 312
Muito
... longe (das regiões ideais) • 155
... trabalho (nos abismos

da sombra) • 179
Muitos chamados • 39, 40
Mulher • 202, 220, 226, 255
... amargurada • 260
... generosa (e cristã é sempre mãe) • 262
minha ... • 257
Mulheres • 259, 297, 307
... de ninguém • 262
... doidivanas • 263
... infelizes • 330
Multidão • 211
... de almas • 291
... de infelizes • 179
Multidões • 299
... de desequilibrados • 80
Multiplicar energias • 172
Mundo • 21, 172, 175, 209, 214, 220, 221, 222, 249, 280, 297, 306, 307, 310
... dos encarnados • 181
... novo • 199
Mundos inferiores • 241
Muralha • 25
Música • 27, 29, 210
{preparação do ambiente} • 276
... elevou-se • 317
... esforço construtivo • 77
... habitual • 243
... intensifica o rendimento do serviço • 77
... nas vias públicas • 77
... regional • 299
... suave • 113
... sublime • 301
... universal e divina • 299
efeito da ... • 28
Mutilados • 38

·[N]·

Nação japonesa • 267

Nações • 157
... *agressoras* • 268
... *do planeta* • 154
Nada (produzir de útil) • 167
Não
... *adestrara (órgãos para a vida nova)* • 18
... *cobiçarás* • 257
... *integrados* • 252
... *prosseguir (no amarguroso assunto)* • 157
... *se limite (a observar)* • 161
... *trazemos (à mesa qualquer pessoa)* • 121
Não-ser • 16
Narrador • 286
Nas vizinhanças (do Umbral) • 157
Nascente turva • 21
Nascimento • 249
Nascituros • 203
Natal • 303
... *de Jesus* • 209
Natureza • 179, 180, 209, 238, 293, 299, 332
Neblina espessa • 16, 22
Necessária (autorização para visitar os ministérios) • 160
Necessidade • 157
... *de expelir os venenos letais* • 157
... *do trabalho construtivo* • 157
Necessidades • 240
... *fisiológicas* • 21
... *humanas* • 329
Necessitados • 170
Negativa justa • 162
Negativismo • 21
Negociantes (imprevidentes) • 175
Negócios comerciais • 227
Negra substância • 176
Negras (falanges da ignorância) • 153
Negro • 221
Neta convalescente {na casa de Dona Laura} • 119, 121
Nevoeiros pesados • 155

Ninho
... *às aves* • 22
... *familiar* • 304
Nobre matrona • 309
Nobres • 301
... *estímulos* • 185
... *iniciados (da eterna sabedoria)* • 216
Noção
... *de Deus (ninguém poderá alegar ignorância)* • 39
... *de espaço* • 15
... *de rumo* • 16
... *de tempo perdido* • 17
Noções de espaço e tempo • 233
Noite • 320
Noitinha • 210
Noiva • 296
Noivado • 297
{casamento / comportamentos diferentes} • 129, 297
... *espiritual* • 252
Nosso Senhor • 278
Nosso Lar • 23, 73, 74, 82, 86, 116, 118, 127, 160, 169, 210, 214, 216, 225, 233, 235, 243, 250, 265, 267, 273, 279, 280, 291, 308, 313, 323, 330, 331, 333, 335
{colônia de transição} • 67
{fundação: século XVI, por portugueses} • 57
{localização: esferas vizinhas da Terra} • 26
... *cidade de transição* • 143, 243
... *finalidades da colônia* • 127
... *não é estância de espíritos vitoriosos (Lísias)* • 39
... *organização que se aperfeiçoa dia a dia* • 56
... *produção de vestuário e alimentação* • 139
... *zona de transição* • 56
Nota
... *de alegria* • 300
... *interessante* • 211
Notícias • 207, 231, 270

Notificação • 309
Noutros mundos • 236
Nova
  ... experiência {reencarnação} • 308
  ... fase • 317
  ... reencarnação • 307
  ... região • 165
  ... situação • 185
  ... situação carnal
    {reencarnação} • 306
Novas
  ... escolas (de assistência) • 275
  ... esperanças • 168
  ... lutas • 330
Novo
  ... dia • 237
  ... gênero (de atividade
    mental) • 165
  ... mundo • 269
  ... organismo • 313
  ... orientador • 173
  ... plano • 298
Núcleos
  ... de força viva • 289
  ... de adestramento • 275
  ... de esforço ativo • 283
  ... domésticos • 255
  ... espirituais • 254
  ... espirituais de aprendizado
    nobre • 256
  ... espirituais superiores • 218
  ... insulados • 243
  ... mais elevados • 161
  ... poderosos • 268
  ... superiores • 156
  outros ... • 157
Números de arte • 210
Numerosas
  ... almas • 289
  ... assembleias • 157
  ... delegações • 277
  ... felicitações • 321
  ... feridas • 311
  ... filas de camas bem
    cuidadas • 173

  ... ilusões • 173
Numerosos
  ... cooperadores das câmaras • 335
  ... desequilibrados • 290
  ... edifícios • 169
Nutrição espiritual • 116
Nuvens de treva (envolvem o
  mundo dos encarnados) • 181

·[O]·

Obediência • 249
Objetivo
  ... essencial da jornada • 291
Objeto sagrado • 257
Obra infinita da Criação • 167
Obras Divinas da Vida • 236
Obrigação justa • 199
Obséquio • 201
Observações • 213
  ... afetuosas • 232
Observar • 192
Obter (valores mais preciosos) • 161
Ocasiões perigosas • 203
Oceano de substâncias
  invisíveis • 69
Ociosos • 195
Ocorrência • 201, 226
Óculos escuros • 310
Ocultar as lágrimas • 314
Ocupações justas • 168
Ódio • 192, 197, 204
Oficina • 182
Oficinas {de trabalho} • 77
Olhar
  ... algo triste • 310
  ... amigo • 319
  ... de compreensão • 234
  ... de profunda simpatia • 181
  ... duro • 192
  ... embaciado no horizonte • 223
  ... esgazeado • 186

·[O/P]·

... *interrogativo* • 316
Olhares doridos • 226
Olhos • 171, 199, 260, 326
   ... *atônitos* • 176
   ... *brilhantes e profundos* • 154
   ... *de ver* • 287
   ... *espirituais* • 294
   ... *inquietos* • 154
   ... *muito lúcidos {Ministro Genésio}* • 166
   ... *perdidos no espaço* • 186
   ... *rasos d'água* • 163
   meus ... estavam úmidos • 162
Olvido temporário {reencarnação} • 311
Olvidou (a justiça) • 269
Ondas (de energia pela respiração) • 147
Operação • 176
   ... *magnética* • 187
Operações • 179
   ... *psíquicas {sobre a memória individual de vidas passadas}* • 137
Operário • 200
Operários (em função com os Samaritanos) • 181
Oportunidade • 238, 256
Oposição (à lei do bem) • 269
Oração • 22, 25, 27, 29, 43, 52, 113, 115, 165, 238, 331
   ... *coletiva* • 25
   ... *do crepúsculo* • 43
   ... *vespertina* • 238
   após a ... • 27
   auxílio da ... • 52
   belezas da ... • 22
   convidou à ... • 113
   dava-me todo à ... • 165
   fervorosa ... ao Pai • 331
   sublime ... • 29
   terminada a ... • 115
Ordem
   ... *e à hierarquia* • 75
   ... *financeira* • 197

Ordens
   ... *de serviço* • 218
   ... *que nos regem* • 200
Orei (ao Senhor da Vida) • 232
Organismo
   ... *espiritual* • 32
   ... *materno* • 203
Organização • 171
   ... *doméstica* • 254
   ... *é atributo* • 82
   ... *física do planeta* • 256
   ... *viva* • 293
Organizações coletivas • 279
Organizar • 280
Orgulho criminoso • 157
Orgulhoso (me consagrara) • 21
Orientador • 128, 201
Orientadores • 301
Origem dos seus padecimentos • 173
Orvalho protetor • 242
Os que se afinam (entre si) • 155
Ótima oportunidade • 328
Otimismo • 314
   ... *geral* • 310
Ouro • 297
Outra realidade (do meu ser essencial) • 21
Outros tempos • 216
Ouvidos humanos • 301
Ouvintes • 237
Ouvir os Samaritanos • 179

·[P]·

Paciência • 222, 255
Padecem • 176
Padecimentos • 188, 256
Padrão
   ... *de coragem* • 279
   ... *vibratório {restrição do}* • 105
   ... *vibratório da mente* • 53
Pagamentos • 236

Índice remissivo · ¦ P ¦ · *Paterna* | 173

Pagar as missas • 223
Pagou (gentilmente o ingresso) • 299
Pai • 51, 82, 87, 92, 93, 99, 100, 226, 227, 235, 238, 242, 305, 308
... *devotadíssimo* • 236
... *do rapaz* • 188
... *enfermo* • 191
... *Eterno* • 221
... *generoso e dedicado* • 188
... *sublime* • 52
meu ... • 226, 261
Pais • 17, 317
... *na Terra* • 188
Paisagem • 15, 300, 323
{*do Umbral*} • 15, 16
... *física* • 310
... *odorante* • 277
... *úmida e escura* • 20
Paisagens • 21, 209
... *do planeta terrestre* • 292
Países agressores • 268
Paixões humanas • 312
Palácio (natural acomoda mais de 30 mil pessoas) {salões verdes} • 210
Palácio • 305
Palácios da natureza • 208
Palanquins de arvoredo • 209
Palavra • 273
... *carinhosa* • 160
... *confortadora* • 263
... *de animação* • 169
... *de reconhecimento* • 225, 231
... *de ternura* • 192
... *do Mestre* • 278
Palestra • 252
... *amistosa* • 183
... *mais íntima* • 284
... *rápida* • 199
Palestrar ligeiramente • 240
Palestras
... *de todos os Ministros* • 239
... *do Governador* • 209
Palidez • 186
Palmeira • 324
Palmilhavam (o deserto da angústia) • 18
Pântano • 308
Pão
... *bendito (do trabalho)* • 263
... *de cada dia* • 21
Papai • 192, 193, 194, 196, 326
Papel humano • 278
Para quem apelar? • 19
Paradoxo • 297
Paragem de sonho • 213
Paragens • 220
Paraíso • 205, 289
... *dos eleitos* • 201
Parecer • 183
Parentes encarnados • 172
Paroxismos (da cólera) • 19
Parque • 298
... *banhado de luz* • 207
... *de educação (do esclarecimento)* • 208
... *de estudo (e experimentação)* • 218
Parte invisível (da humanidade terrestre) • 156
Passadismo • 326
Passado • 203, 226, 256, 260
... *de sombras* • 227
... *morto* • 326
Passagem (pelo Ministério do Auxílio) • 166
Passeantes • 299
Passes • 41, 137, 172, 176, 186, 199, 231, 332
{*André aplica pela primeira vez*} • 231
{*passe coletivo / fluidoterapia*} • 281
{*pétalas azuis*} • 281
... *de fortalecimento* • 176
... *de prostração* • 172
... *de reconforto* • 199, 332
... *magnéticos* • 41
... *no cérebro* • 137
mecanismo dos ... • 231
vamos aos ... • 186
Paterna • 196

Pátrias-mães (da civilização
    ocidental) • 156
Patrimônio • 194, 327
    ... das experiências • 298
    ... divino • 280
Patrimônios
    {materiais} • 194
    ... culturais • 286
    ... nacionais e linguísticos
    remanescem • 155
Pausa natural • 208
Pavilhão
    ... 5 • 191
    ... 7 • 180, 182, 260
    ... 11 (desequilibrados
    do sexo) • 199
Pavilhões • 174
Pavimentos
    ... inferiores • 170
    ... superiores • 270
Pavor • 293
    ... da treva • 16
Pavorosas impressões • 285
Paz • 201, 285, 288, 317
    ... da consciência • 256
    ... e encantamento • 317
    ... espiritual • 221
    ... interna • 279
    ... necessita de trabalhadores
    de defesa • 153
Pecha de suicídio • 20
Pedi (ao Supremo Autor
    da Natureza) • 22
Pedindo a Jesus • 165
Pedinte • 204
Pediu
    ... a moça delicadamente • 193
    ... trabalho • 160
Pedras • 297
Pejo • 228
Penetramos (num edifício de
    aspecto nobre) • 170
Penetrando (os recessos do ser) • 214
Península • 272
Pensadores • 301

Pensamento • 19, 242, 261, 273, 331
    {atinge o alvo} • 194
    {negativo} • 44
    ... atração • 83
    ... é a linguagem universal • 240
    ... é força viva • 242
    ... elevado • 254
    ... núcleo de força viva • 289
    ... relativo à vida eterna • 188
    perseverança no bom e reto ... • 105
Pensamentos • 204, 209,
    214, 259, 304, 312, 317
    ... angustiosos • 16
    ... confortadores • 327
    ... destrutivos • 262
    ... dignos • 286
    ... se entrelaçam • 289
    ... sombrios • 172
Pensando (em Jesus) • 163
Pensar com justeza (Clarêncio) • 46
Penúria • 227
Penúrias da incompreensão • 214
Pequena
    ... assembleia • 315
    ... câmara cristalina • 316
    ... caravana • 323
Pequenas
    ... bolhas de sabão levadas ao
    vento {metáfora} • 20
    ... torres coloridas • 207
Pequenino
    ... aparelho (começou a
    transmitir) • 179
    ... barco • 232
Pequeninos • 249
Pequeno
    ... aparelho • 315
    ... aparelho {semelhante ao
    rádio terreno} • 148
    ... parque • 324
Pequenos
    ... canais de água • 209
    ... focos resplandecentes • 269
    ... grupos • 299
Perambula • 18

Perante minha mãe (de
  André Luiz) • 182
Perdão • 193, 256, 261
Perdido
  ... *a ideia de tempo* • 15
  ... *tanto tempo no mundo* • 214
Peregrinando • 308
Peregrinar • 188
Perfeita sintonia (de
  pensamentos) • 331
Perfume • 233, 276, 293
  ... *errante* • 323
Pergunta • 239
Perguntas veladas • 207
Perguntou (com extremo
  carinho filial) • 192
Perigos imensos • 268
Perigosos distúrbios • 64
Permanece (calmo e silencioso) • 23
Permanecer (nas câmaras) • 181
Permissão de Deus • 204
Permuta magnética • 118
Permutar pensamentos • 155
Pernas (em chaga viva) • 200
Persistiam (as necessidades
  fisiológicas, sem modificação) • 21
Personagens • 215, 255
Personalidade
  ... *coletiva {humanidade
  carnal}* • 157
  ... *coletiva da colônia* • 211
  ... *em experiência* • 236
  ... *eterna* • 236
  ... *falível* • 235
Personalidades religiosas • 287
Personificar (a mariposa, de
  lâmpada em lâmpada) • 160
Pertence a todos (a produção) • 139
Pertencer (ao número dos
  encarnados) • 15
Perturbação • 172
  ... *do rapaz* • 188
  ... *íntima* • 257
Perturbações • 189, 326

Perturbados • 180, 291
  ... *reclamando dedicação* • 231
Perturbar • 174
  ... *quem trabalha* • 203
Perturbavam-me o coração • 20
Perversidade • 268
Pés (e dos braços) • 215
Pesado material • 182
Pesados fardos • 308
Peso considerável • 294
Pesquisa
  ... *científica* • 300
  ... *intelectual* • 199
Pessoal (de serviço noturno) • 181
Pessoas (que ofendi) • 228
Pétalas
  ... *de rosas diferentes em
  maravilhoso azul* • 281
  ... *fluídicas* • 29
Petrechos
  ... *da excursão* • 225
  ... *de enfermagem* • 182
Petróleo • 308
Piano • 111, 227
Piedade • 192
Piores condições • 226, 328
Pique (desagradável da agulha
  de injeções) {reminiscências
  da encarnação} • 20
Planeta • 161, 218, 289,
  292, 294, 294, 296, 297
  ... *terrestre* • 292
Plano
  ... *da confiança* • 314
  ... *diverso* • 233
  ... *do espírito* • 267
  ... *dos trabalhos* • 181
Planos
  ... *carnais* • 258
  ... *da intuição* • 242
  ... *de vida nova* • 154
  ... *do espírito* • 175
  ... *inferiores* • 279
  ... *mais altos* • 301
Plantão noturno • 181

Plantar a Terra • 222
Plena (floresta da vida) • 291
Pleno
... *desacordo* • 17
... *sepulcro* • 16
Pneumonia • 324
Poalha do mundo • 16
Pobre • 172
... *criatura* • 220
... *enfermo* • 328
... *família* • 227
... *mana* • 326
... *mulher* • 227
... *rapaz* • 196
Pobres almas • 256
Pobrezinha • 200, 226
Pobrezinho • 186, 187
Poder do dinheiro • 175
Poderes (concentrados do mal) • 153
Poderosos espíritos • 216
Poeira do mundo • 279
Poesia divina • 293
Polônia • 284
    terra polonesa • 269
Poltrona da instrutora • 239
Poltronas • 209
    ... *confortáveis (enfileiravam-se, doze a doze diante do estrado)* • 315
Ponderação • 271
Ponderar
    ... *maduramente* • 19
    ... *o valor do tempo* • 238
Pontes graciosas • 209
Ponto
    ... *de referência* • 165
    ... *sombrio (na alma)* • 31
Pontos
    ... *escuros* • 202
    ... *luminosos* • 269
    ... *negros* • 201, 202
Pontos negros {vampirismo} • 200
    ... *cinquenta e oito crianças* • 202
População de Nosso Lar (mais de um milhão de indivíduos) • 279
Por que (não me perdoaria

o Eterno Pai?) • 22
Porfiado (duelo contra a morte) • 20
Porta • 163, 175, 201
Pórtico • 324
Portugal • 272
Posição
    ... *conjugal* • 298
    ... *digna* • 168
Possibilidades espirituais • 195
Potencial vibratório • 105
Poucos minutos • 165, 213
Povo • 269
Praça
    ... *da Governadoria* • 270
    ... *maior* • 211
Praças • 296
Praguejar • 196
Praia • 209
Pranto • 21, 162
    ... *jubiloso* • 162
Prática do bem • 234, 259
Praticantes do espiritismo • 315
Prazer • 181, 263
    ... *criminoso* • 175
    ... *das muitas indagações* • 165
    ... *de servir* • 162
    ... *do serviço* • 303
Prazeres físicos • 260
Prece • 29, 212, 215, 317, 331
    ... *coletiva* • 29, 179
    ... *dolorosa* • 22
    ... *valioso ponto de referência* • 165
Preciosas lições práticas • 334
Precipícios (das trevas) • 286
Precipitação
    ... *no despenhadeiro* • 292
    ... *verdadeiramente infantil* • 233
Preço (terrível) • 268
Preguiçosas (da banalidade social) • 195
Prejudiciais (a nós mesmos) • 241
Preleção • 237
    ... *da Ministra* • 238
Preleções
    ... *do Mestre* • 209

... evangélicas • 244
Prendera ferozmente • 18
Preocupação
... egoística • 291
... íntima • 310
Preocupações {distrair os encarnados com} • 173
Preparação religiosa • 287
Preparo (dos campos interiores do coração) • 18
Prescindir da forma • 155
Presença no lar • 172
Preservação (da ordem e da justiça) • 301
Preservar • 280
Preso (à cama) • 173
Prestes a regressar {reencarnação} • 309
Préstimo • 210
Pretérito • 297
Primavera • 293
Primeira hora • 238
Primeiras impressões • 171
Primogênita • 326
Princesa • 222
Princípio
... de caridade legítima • 205
... de sequência • 155
... elevado • 242
Princípios
... divinos • 241
... puramente filosóficos, políticos e científicos • 16
Prisioneiro da loucura • 15
Probabilidades • 251
Problema
... da tentação • 292
... religioso • 16
Problemas da reencarnação • 323
Procedência (histórico da situação) • 173
Processo de conversação mental • 331
Processos (da medicina) • 203
Procrastinado • 327

Prodigioso bosque • 233
Profissional (de ginecologia) • 203
Profunda
... admiração • 298
... impressão (e reconhecimento) • 321
... simpatia • 181
Profundamente
... má • 205
... satisfeitos • 231
Profundas
... sensações de pavor • 186
... vibrações de paz e encantamento • 317
Profundeza dos mares • 293
Profundo
... alento • 333
... alheamento • 173
... sentimento • 278
... silêncio • 269
Programa
... de trabalho • 271
... estabelecido • 277
Progresso
... comum • 128
... do espírito • 230
Projeto • 305
... da Ministra • 208
Projetos novos • 304
Promessa evangélica • 234
Promessas • 209
Promissórias • 226
Propósitos • 168
... de serviço • 165
... de vingança • 194
Propriedade
... coletiva (celeiro fundamental) • 139
... relativa • 133
Proteção divina • 82, 307, 310
Protestos (do Governador) • 212
Prova • 204
Provações redentoras • 203
Proveitosa fadiga • 232
Proveitoso conselho • 330

·[P/Q/R]·

Providência • 168, 202, 310, 333
... *Divina* • 219, 334
Providencial • 312
Providenciar (recurso a
  melhoras) • 173
Providências • 173
  ... *imediatas* • 180
  ... *legítimas* • 203
Próximos da crosta • 153
Pulmões • 15
  meus ... *(respiravam)* • 15
Pupilo • 335
Pureza mental • 243
Purgação • 306
Purgatório • 219, 220

·[Q]·

Quadro • 215
  ... *angustioso* • 174
  ... *era inédito e interessante* • 315
  ... *imenso (de lutas
    purificadoras)* • 294
  ... *terrível* • 194
Quadros • 236
  ... *de estarrecer* • 21
  ... *evangélicos* • 209
Qualidades • 248
Quando as energias (me
  faltaram de todo) • 22
Quando me senti (absolutamente
  colado ao lodo da Terra) • 22
Quantas horas (consagrei
  à súplica) • 22
Quanto tempo (durou
  a rogativa?) • 22
Quarenta anos (de atividade
  especial) • 238
Quarto (confortável e espaçoso) • 232
Quebrar
  ... *as normas e precedentes* • 226
  ... *os óculos escuros* • 310

Queda espiritual • 293
Questão
  ... *de densidade* • 217
  ... *de tempo* • 126
Quietude • 317
  ... *ambiente* • 15

·[R]·

Radicalista • 255
Rádio • 148
Rafael apresentou-me
  fraternalmente • 166
Raios
  ... *de inspiração* • 301
  ... *do sol* • 16
Ralada de angústia • 194
Rapaz • 185
Raros (os que compreendem) • 162
Razão • 183, 204, 221
Reajustamento dos valores • 297
Realidade
  ... *da vida* • 20
  ... *universal* • 262
Realíssimo • 175
Realização nobre (três
  requisitos) • 53
Realizações espirituais • 280
Reaver energias • 23
Recapitulando experiências • 291
Recapitular • 314
Recebendo benefícios • 167
Receber
  ... *novos doentes do espírito* • 218
  ... *o socorro elevado* • 286
Receio do ignoto • 16
Recém-chegada (do Umbral) • 223
Recém-chegado • 320
Recém-chegados • 247
  ... *das zonas inferiores* • 75
  ... *do Umbral* • 219
  ... *dos círculos carnais* • 188

R

Receptor • 150, 153, 179, 243
  ligou o ... • 179
Recinto • 243
Recintos (de maravilhosos
  contornos) • 207
Recíprocos • 329
Reclamavam (em altas vozes) • 219
Recolham (apenas os predispostos a
  receber o socorro elevado) • 286
Recolhiam-se (animais
  de serviço) • 225
Recomendações (da mãe
  de Lísias) • 220
Recompensas imediatas • 182
Recompondo (os elos
  quebrados) • 228
Reconciliação (com os
  adversários) • 256
Reconhecer (os próprios erros) • 228
Reconhecimento • 160
  ... das próprias fraquezas • 203
Recordação • 209, 279
Recordando minha mãe {de
  André Luiz} • 330
Recordar • 180, 199
  ... edificando • 135
Recordei • 203
  ... as criteriosas ponderações
  da mãe de Lísias • 173
  ... o antigo pão de cada dia • 21
Recursos • 331
  ... da prece para não
  fraquejar • 171
  ... da própria natureza • 209
Redenção • 280
Reencarnação • 306, 310, 313, 323
  ... imediata (compulsória)
  • 256, 306
Reencarnações (funcionam
  como drásticos) • 306
Refeições • 115
Regaço materno • 308
Regeneração • 211, 270, 275, 303
Região
  ... de existência • 293
  ... desconhecida • 19
  ... mais baixa da nossa colônia
    espiritual {Ministério da
    Regeneração} • 161
  ... trevosa (o próprio Umbral) • 290
Regiões
  ... de limite vibratório • 279
  ... desconhecidas • 232
  ... do Umbral • 171
  ... estranhas • 292
  ... obscuras do Umbral • 217
Regra (é sofrer-se as
  limitações) • 155
Regressando
  ... à casa • 323
  ... à matéria grosseira • 256
Regressar
  ... aos círculos terrenos
    {reencarnação} • 309
  ... do mundo • 272
Reinado particular • 299
Reino vegetal (servidores
  comuns do) • 332
Relações pessoais • 284
Relatório verbal • 185
  ... de impressões • 232
Religião • 221
  ... do Crucificado • 250
Religiões (eu, que detestara
  as ... no mundo) • 21
Religiosos • 258
Relógio de parede (quarenta minutos
  depois da meia-noite) • 316
Relva olente • 209
Remédio • 205, 286, 333
  ... santo • 307
Reminiscências • 20, 261
  ... mais distantes • 163
Remorso • 22, 204, 238
Remover (pesados fardos) • 257
Remuneração de serviço • 235
Renascendo no planeta • 80
Renovação de energia • 29
Renunciar • 236
Reorganizar (o ambiente

·[R/S]·

doméstico) • 249
Repetindo marchas (e refazendo velhos esforços) • 291
Repouso • 279
Repudiou (o estudo sério) • 195
Repuxos (de água colorida) {desenhando figuras no ar} • 61
Reservatório da colônia • 69
Resgatados do Umbral (29 indivíduos) • 179
Resgatar
... *a dívida* • 262
... *nossos débitos* • 203
... *prístinos erros* • 156
Residência • 227, 245, 296, 309
Residências • 29, 55, 115
Resignação • 260
Resistência • 285
Resolução para o caso • 168
Respeitoso silêncio • 278
Respiração • 333
Respondendo (ao apelo das tendências mesquinhas) • 155
Responsabilidade • 167
Restabelecer (a simpatia interrompida) • 228
Restringia (as vibrações) • 300
Resvaladouro • 297
Retaguarda • 310
Retaguardas • 179
Retalhista • 226
Reter a luz • 233
Retificações justas • 258
Retorno ao lar terreno • 327
Retribuir (as dedicações) • 210
Reunião • 174, 243, 289
... *íntima* • 314
Reunia-se (pouco mais de trinta pessoas) • 315
Reuniões de fraternidade, de esperança, de amor e de alegria • 290
Revelando a maior boa vontade • 169
Rever (a esposa e os filhos amados) • 321

Revia mentalmente • 226
Revolta contra a lei • 175
Revoltados • 81
Rio
... *azul* • 69, 70
... *de sangue e lágrimas* • 157
... *infinito (da eternidade)* • 18
Rio de Janeiro • 123
estado do ... • 112
Riqueza
... *de emoções* • 233
... *material* • 305
Rixas e contendas • 221
Rodeada (de pontos negros) • 200
Rogar (entendimento e socorro) • 226
Rogativa • 22, 331
Roguei
... *ao Senhor* • 331
... *de olhos úmidos* • 166
Rosas • 324
... *diferentes* • 281
Rosto • 16
... *ceráceo* • 173
... *horrendo* • 200
Rostos
... *alvares* • 15
... *escaveirados* • 171
Roupa
... *adequada* • 182
... *começava a romper-se* • 19
Rugas profundas • 192
Rumo
... *ao trabalho do auxílio* • 159
... *verdadeiro* • 308
Rumores de guerras • 278

·[S]·

Sabedoria • 183, 236
... *do velho* • 277
Saber desejar (e merecer) • 53

— S —

Sábias recomendações • 220
Sábio • 300
Sacada (de grande altura) • 273
Sacerdócio
   {dois tipos diferentes de ...} • 287
   ... organizado • 17
   ... político • 287
Sacrifício • 17
   ... de mulher • 303
   ... individual • 280
Sadio critério • 261
Saem (de lá todas as turmas) {do Ministério da Regeneração} • 161
Sagrada • 257
   ... partícula • 221
Sagradas • 17
   ... afinidades espirituais • 249
Sagrados
   ... incentivos espirituais • 233
   ... laços espirituais • 250
Sala
   ... de jantar • 324, 325
   ... extensa • 315
Salão • 209
   ... em forma de estrela • 208
Salões verdes • 207
Salvação (de milenários patrimônios da evolução terrestre) • 156
Salvacionista • 258
Salvar (o organismo materno) • 203
Samaritanos • 171, 179, 181, 188, 213, 216, 218, 219, 225
Sandálias • 279
Sangue • 313
Santas • 287
   ... mulheres • 261
São Paulo (cidade de) • 252
Satanás • 220
Satisfação • 228, 231, 296
   ... era profunda • 182
Satisfeito • 169, 216
Saturado (de vibrações destruidoras) • 285
Saudações carinhosas • 305, 321
Saudade
   ... do lar • 31
   ... doía fundo • 304
   ... imensa • 324
   ... viva (dos meus) • 214
Saudades • 304, 326
   ... prematuras • 314
Saúde • 288
   ... orgânica • 171
Saudou carinhosa • 192
Seção
   {hospitalar} • 38
   ... do arquivo {do Ministério do Esclarecimento = vidas passadas} • 136
Séculos • 256, 291, 330
   ... de experiência numerosas • 156
Secundários • 16
Sede • 19, 174
   ... espiritual • 287
Segredos do serviço • 187
Segunda Guerra Mundial {previsão da ...} • 154
Segunda viuvez • 325
Segundos • 227
Sem as barreiras idiomáticas • 155
Sem forças • 249
   ... para reerguer-me • 22
Sem órgãos (de ponderação e conselho) • 156
Sem visita (semanas) • 50
Semanalmente • 210
Semblante
   ... patibular • 175
   ... singular • 199
Semente da divindade • 288
Semiluminosa • 215
Semimortos • 175
Senhor
   {Deus} • 40, 69, 82, 100, 107, 111, 137, 154, 157, 166, 168, 176, 230, 234, 236, 288, 334
   ... da vida • 18, 232, 241
   ... de si • 205
   ... do lar terrestre • 253

... Jesus • 276
... Ministro • 166
... não te desampara • 22
Sensação
... de alegria • 236, 321
... de alívio • 16
... de espanto • 222
Sensações
... de leveza • 232
... físicas • 175, 188
Sensibilizando-me o coração • 159
Senso diretivo • 294
Sentido
... divino da direção • 294
... elevado • 254
Sentimentalista • 227
Sentimento • 17, 254, 326
... e a cultura colhidos na experiência material • 21
... materno (fluidos vigorosos) • 102
Sentimentos • 22, 290, 317
... calejados na hipocrisia • 203
... de fidelidade • 298
meus ... (se concentraram na prece dolorosa) • 22
Sentinela • 327
Sentinelas • 201
... das Câmaras de Retificação • 200
Senzalas • 222
Separados • 214
Sepulcro • 16, 187
Sequaz de Satã • 204
Sequestrando às trevas espirituais • 179
Ser útil • 311
Serenidade • 253, 273, 305
... e alegria • 186
Seres • 197, 242
... animalescos • 21
... monstruosos • 16, 220
... perversos • 222
Serva • 187, 257, 261
Serviçal • 172

Serviço • 176, 179, 195, 205, 210, 218, 245, 283, 309
... ativo • 183, 237, 329
... das câmaras • 321
... de assistência (médica da colônia) • 32
... de educação • 207
... de espiritualização • 297
... de preparação • 310
... de preservação do equilíbrio moral • 153
... de recordações (Ministério do Esclarecimento) • 136
... de vigilância • 204
... defensivo • 279
... hospitalar urgente • 275
... para todos • 154
... proveitoso • 208
... regenerador • 174
... útil • 182, 185, 195, 235
Serviços • 231, 235, 236, 306
... de elevação em conjunto • 183
... de hoje • 171
... de socorro à Terra • 269
... redentores • 243
... são astronômicos • 288
Servidor (de bom-senso) • 162
Servidores • 182, 219, 238, 279
... comuns (do reino vegetal) • 332
... da Regeneração • 277
... espirituais • 285
... numerosos • 170
Servir • 182
... ao Senhor • 234
Servo • 257
Servos
... desvelados • 23
... distantes • 217
Sessão foi encerrada • 321
Sete dias • 334
Setembro
... de 1939 {II Guerra Mundial} • 267
... de 1940 • 304
Setor de tarefas • 166

Sexo • 118, 199, 257
  ... masculino • 297
Sicários • 19
Sífilis • 264
Significação espiritual • 309
Significativa expressão fisionômica • 160
Silêncio • 15, 156, 165, 190, 205, 214, 230, 251, 267
  ... implacável • 15
Silenciosa
  ... acusação • 17
  ... indagação • 169
Silencioso • 23, 216
Símbolo • 242
Simpatia • 181, 192, 228, 267, 300, 309
Simples
  ... análise das coisas • 161
  ... operações • 175
Simplicidade (divina) • 300
Sinais (da poeira do mundo) • 279
Sinal • 269
Sincera
  ... devota • 220
  ... fraternidade • 246, 310
Sinceridade • 203
  ... viva • 167
Sincero • 167
  ... amor • 327
  ... contentamento • 182
  ... desejo de aprender • 187
Sinédrio • 162
Singela prece • 317
Singular
  ... conjuntura • 327
  ... energia {Ministro Genésio} • 166
  ... fascinação • 207
  ... fenômeno • 295
Singulares
  ... distúrbios • 185
  ... saudades • 326
Sintonia de pensamentos • 331
Sintonias mentais • 77
Situação
  ... espiritual (dos recém-chegados dos círculos carnais) • 188
  ... geral é muito crítica • 157
Situações estáveis • 17
Sob (o império de baixos pensamentos) • 174
Socorro • 172, 174, 200, 202, 204, 225, 331
  ... à Terra • 269
  ... elevado • 286
  ... espiritual • 82, 195, 285, 311
  ... justo • 305
Socorros
  ... das esferas mais altas • 188
  ... de emergência • 23
Sofre desesperadamente • 205
Sofredora • 202
Sofredores • 174, 176
Sofrido
  ... muito • 22
  ... no capítulo da especialização • 162
Sofrimento • 174, 289, 293
  ... discreto • 188
Sofrimentos
  ... coletivos • 285
  ... morais • 304
  ... pessoais • 154
Sol • 26, 70, 311
Solidão • 233
Solo • 293
Solteira • 249
Solução de problemas espirituais • 199
Soluços • 171
Som (da música habitual) • 243
Soma considerável • 226
Sombra • 19, 187
Sombras • 194, 294, 311
  ... densas • 290
  ... do Umbral • 306
Sombrios • 172
Somos criaturas falíveis • 151
Sonhar • 277
Sonho • 231, 233
  {André deixa o veículo inferior no

·[S/T]·

seu quarto / corpo fluídico} • 233
Sono • 16
... mais pesado • 176
Sopa • 27
Sopro divino • 287
Sorrir • 290
Sorriso • 173
Sorriu bondoso • 23
S.O.S • 154
Sorte (minha) • 162
Suai agora (para não chorardes depois) • 18
Suave
... canção filial • 319
... melodia • 153
... música (encheu o recinto de cariciosas melodias) • 243
Subir à tona • 294
Sublime
... elixir • 22
... satisfação • 233
Sublimidade • 301
Submarino • 218
Substância
... azeda • 186
... cinzenta • 321
... do solo • 209
... leitoso-acinzentada • 319
... negra e fétida • 176
Subtraiu (as possibilidades materiais) • 229
Sucessos terrenos • 228
Sufocar • 172
... a própria angústia • 249
Sugestões
... carinhosas e sábias da mãe de Lísias • 165
... divinas • 259
minhas ... humildes • 160
Suguei (a lama da estrada) • 21
Suicida • 19
... inconsciente • 35
Suicidas • 203
Suicídio • 32
Suor • 176

Superfície do globo • 293
Superior • 306
... à condição humana • 188
Superiores hierárquicos • 306
Suplicado (às Forças Divinas) • 166
Suplicando (socorro e cooperação) • 154
Supremas alegrias • 320
Supremo Autor da Natureza • 22
Surpreendido • 167
Surpresa • 317, 321
... angustiosa • 175
Sussurrantes ao vento • 233

·[T]·

Tabelas • 236
Tantos (sofredores) • 174
Tapetes (dourados e luminosos) • 233
Tardar • 216
Tarde sublime • 334
Tarefa • 179
... ativa • 211
... de limpeza • 176
... de observação • 169
... de auxílio • 330
... gigantesca • 279
... nova • 283
Tarefas
{nos Ministérios} • 76
... da regeneração • 161
... de assistência • 285
... humildes • 161
Teatro (dos acontecimentos) • 272
Tecelão rústico e pobre • 162
Técnicos da Reencarnação • 313
Teia de amizade secular • 163
Teias rijas (do egoísmo destruidor) • 18
Tela gigantesca • 28
Telepatia {transmissão de

T

pensamentos} • 97, 111, 118, 155, 204, 242, 252, 331
Televisão
  espelho da ... • 153
  processos adiantados de ... • 28
Tema da noite • 240
Temperar com amor • 162
Templo
  ... interior • 113
  ... maravilhoso • 28
Tempo • 15, 172, 183, 195, 230, 238, 261
  ... de serviço • 236, 238
  ... global • 309
  ... perdido • 17, 181
  gasta ... • 236
  gastou muito ... • 187
Tendências inferiores • 290
Tentações complexas • 311
Terceiro dia (de trabalho) • 245
Término da conversação • 243
Ternura • 325
  ... do santo • 277
Terra • 17, 18, 155, 180, 183, 188, 193, 204, 210, 213, 220, 222, 233, 234, 236, 243, 247, 249, 255, 269, 279, 280, 289, 292, 293, 296, 298, 299, 301, 306, 308, 311, 312, 314, 328
Terreiro (das visitas) • 222
Terrestres • 175
Terríveis
  ... emanações cadavéricas • 176
  ... tormentos • 269
Terrível
  ... abandono • 19
  ... carantonha de ódio • 204
  ... miséria espiritual • 171
Terror da eterna separação {reminiscências da encarnação} • 20
Terror • 267
Tesouro
  ... da reconciliação • 229
  ... do arrependimento • 35
Testamento • 223
Testemunho • 328, 329

Testemunhos no bem • 161
Teto acolhedor • 208
Tiberíades • 209
Tirania • 297
Título de médico • 195
Títulos • 327
  ... universitários • 17, 93
Tive (impressão de conhecer a minha interlocutora) • 163
Tocar (nossas frontes) • 281
Todos cooperam (patrimônio comum) • 139
Tolerância construtiva • 234
Tolhidas no voo • 294
Tolices na cachola • 326
Tom
  ... afetuoso • 305
  ... de voz • 202
  ... grave e doloroso • 157
Tomar com eficácia (o sublime elixir de esperança) • 22
Tomou-lhe as mãos • 188
Tônico divino • 233
Tônicos • 179
Tons acinzentados • 320
Tormento • 238, 249
Torres • 50, 59
Torturados • 174
Torturavam-me as inquirições internas • 215
Totalmente escura • 16
Trabalhador • 195, 200, 236
Trabalhadores
  ... de defesa • 153
  ... de pulso firme • 219
Trabalhe (e anime-se, confiando em Deus) • 163
Trabalho • 161, 165, 168, 176, 179, 182, 183, 185, 234, 331
  {30 mil convocados} • 279
  {48 horas é a semana de ...} • 132
  {diferentes tipos de ...} • 131
  {oito horas por dia é tarefa fácil} • 132
  {oito horas por dia no mínimo} • 140

*{permitidas quatro horas
  extras}* • 140
... *criativo* • 241
... *culminante da reunião* • 316
... *de enfermagem {Laura / 48
  horas por semana}* • 131
... *de higiene espiritual* • 153
... *de limpeza e ornamentação* • 276
... *de socorro espiritual* • 285
... *digno* • 161
... *é tônico divino para o
  coração* • 233
... *honesto* • 194
... *informativo* • 272
... *intenso e construtivo* • 214
... *silencioso* • 273
de humildade e de ... • 89
doze horas por dia • 182
*não faltasse ... e forças para
  realizá-lo* • 165
Trabalhos
... *árduos* • 283
... *construtivos* • 303
Traduzir (no papel humano) • 278
Trair • 202
Trajetória (na experiência
  terrestre) • 203
Tranquila • 204
Tranquilidade
... *econômica* • 17
... *moral* • 194
alega ... • 205
Tranquilo • 187, 252
Transações de vulto • 226
Transbordamentos de júbilo • 233
Transeuntes • 270
Transitando livremente • 216
Transitar (entre as esferas) • 306
Transmissões {de rádio no
  plano espiritual} • 148
Transmitir vigorosos
  fluidos vitais • 188
Transporte • 180
... *em massa* • 180
Tratamento • 334

Tratamentos • 226
... *da regeneração* • 137
Trato (de várias teses) • 239
Travesseiros • 187
Treinamento
... *contra o medo* • 276
... *de elevação* • 329
Tremer • 261
Trêmulo • 173
Trepadeira • 246
Três filhos {de André Luiz} • 20
Treva espessa • 19
Trevas • 181, 280, 289, 290, 294
... *às regiões mais inferiores
  que conhecemos* • 291
... *da maldade* • 333
... *densas* • 279
... *espirituais* • 179
... *umbralinas* • 218
Tribuna • 281
... *suprema* • 278
Tribunais • 34
Trinta mil (servidores) • 279
Triste • 173, 174
... *esforço* • 187
Tristeza • 290
... *inútil* • 301
Triunfador • 294
Triunfo • 211
Trocadilho • 288
Troféu • 211
Tronco • 221
Tufão da verdade • 21
Túmulo • 188
Turba • 280
Turma de vigilância • 88
Turmas • 161, 179
... *de operações (dessa
  natureza)* • 179
*nossas ... (estão organizando
  o transporte)* • 179

•[U]•

Úlceras • 311
Último carro • 219
Últimos (laços físicos) • 16
Umbral • 79, 81, 82, 121, 134, 153, 155, 157, 170, 179, 201, 217, 219, 272, 280, 290, 291
... está ligado à mente humana • 293
... região destinada a esgotamento de resíduos mentais • 81
algumas horas {Teresa} • 137
doze anos {pai de André Luiz} • 104
oito anos consecutivos {André Luiz} • 51
quinze dias no... {Eloísa, neta de Laura, ficou} • 121
Unamo-nos (numa só vibração) • 156
União
... esponsalícia • 298
... fraterna • 251, 253
Unidos
... fisicamente • 252
... pelo coração • 163
Uniões matrimoniais {diferentes tipos de ...} • 130
Universo • 301
Urgia reconhecer • 16
Usufruir • 280
Utensílio • 240
Utilidade prática • 208

•[V]•

Vácuo (sempre há de ser mera imagem literária) • 293
Vaidade • 22, 91, 229, 290
... e ambição • 194
... e egoísmo feroz • 157
... humana • 260
Valiosa (previdência) • 194
Valiosas lições (sobre os animais) • 218
Valioso {patrimônio da Terra} • 16
Valor • 175
... da hora • 235
... do alimento espiritual • 329
... do tempo • 167
... essencial • 238
Valores (da espiritualidade) • 175
Vampiro • 199, 205
Vampiros • 202
Vantagens financeiras • 195
Vassalos (intransigentes do egoísmo) • 176
Vastíssima escadaria • 170
Veemência irritante • 214
Veículo
... corpóreo • 216
... inferior (no apartamento) {André Luiz deixou o corpo espiritual} • 233
Velha
... enfermeira • 326
... servidora • 187
Velhas
... árvores (do bairro) • 323
... canções (e melodias da Terra) • 289
... fraquezas • 312
Velhice • 260
Velhinha • 189
Velhinho • 167
... simpático (Ministro Genésio) • 166
Velho • 196, 228
... ambiente doméstico • 303
... de fisionomia desagradável • 192
... enfermo • 192
... Testamento • 17, 257
Velhos
... círculos • 240
... conceitos • 230
... móveis de jacarandá • 324

V

... tempos • 163
Velhota • 219, 223
Velocidade {alta • aeróbus} • 68
Vencer (as vibrações inferiores) • 192
Veneno
  ... da vaidade e da tentação • 292
  ... do ódio • 256
  ... mortal • 193
Venenos letais • 157
Veneração
  ... geral • 276
  ... pelas coisas sagradas • 278
Ventania (das paixões humanas) • 312
Vento • 276, 324
  ... calmo • 215
  ... caricioso • 200
Ventura • 249
  ... celeste • 290
  ... do trabalho • 179
Verbalista • 242
Verbo • 241
Verdade • 18, 292
  ... de Deus • 287
  ... superior • 292
Verdadeiro
  ... amor • 104, 328
  ... amor espiritual • 193
  ... inferno (de indescritíveis proporções) • 285
  ... torvelinho • 220
Verdades
  ... essenciais • 17
  ... eternas • 287
  ... eternas e profundas • 241
Verdes lençóis • 245
Verdugos • 293, 308
Verduras (que me pareciam agrestes) • 21
Vermes • 186, 188, 235, 327
  ... vorazes • 189
Versículo (de Mateus) • 280
Vestes carnais • 286
Vestidos (em brilhantes claridades) • 277

Véus de ilusão • 297
Via pública • 296
Viajante • 323
Vias públicas • 270
Vibração geral • 289
Vibrações • 284, 300
  ... antagônicas • 267
  ... da prece • 331
  ... de imensa esperança • 281
  ... de paz • 148, 317
  ... destruidoras • 33, 285
  ... destrutivas do terror • 275
  ... elétricas • 278
  ... espirituais • 311
  ... inferiores • 192
  ... negativas (da tristeza inútil) • 301
  ... novas • 214
  ... umbralinas • 271
Vibrações mentais • 29
Vícios • 17
  ... religiosos • 287
  ... terrenos • 62
Vicissitudes • 291
Vida
  ... calma • 221
  ... da alma • 257
  ... espiritual • 211
  ... eterna • 287, 294
  ... humana • 16, 230
  ... nos lares humanos • 290
  ... nobre • 268
  ... nova • 18
  ... psíquica americana • 269
  ... sem artifícios • 300
  ... palpita • 293
  ... social • 276, 298
Vigilância • 301
  ... contra as vibrações umbralinas • 271
  ... permanente • 283
Vigilante • 202
Vigilante-chefe (em serviço) • 201
Vigilantes • 201
  ... das primeiras linhas • 200

·[V/Z]·

Vigília desagradável • 232
Vigorosas
... promessas • 209
... sensações de alegria • 236
Vigoroso duelo • 156
Vigorosos fluidos • 242
Vingança • 194
Vinho do mal • 268
Vinte companheiros • 240
Vinte e uma horas • 199
Vinte entidades • 239
Violência • 325
Violetas • 245
Virentes sementeiras • 207
Visão • 185
{... do passado, de acordo com as condições individuais} • 135
... espiritual (ainda não está suficientemente educada) • 201
Visita (a mãe em sonho) • 232
Visitador {Lísias} • 37, 53, 58
Visitantes • 309
Visitar
... o doente • 188
... sua família • 321
Visitas
... de observações • 165
... periódicas {mãe de André Luiz} • 107
Vítimas • 285
Vitória (da fraternidade real) • 255
Vitórias temporárias • 268
Viúvo na Terra • 328
Vivem na carne (em missão redentora) • 216
Vizinhanças • 213
... do Umbral {as câmaras de retificação} • 170
Volitação • 331, 333
Volta • 213
Voltar
... à carne {reencarnação} • 305
... à Terra {reencarnação} • 305
... aos círculos da carne • 256
... para retificar {ao planeta

para corrigir os erros / alusão a reencarnação} • 40
Voltasse (à casa por descansar) • 232
Volume (de voz) • 278
Volumes maravilhosos • 245
Volveremos (aos fluidos carnais) • 156
Vômito (escuro e viscoso) • 176
Vontade
... ativa (trabalho persistente e merecimento justo • Lísias) • 53
... divina • 273
Voz • 235, 264, 273
... alta • 196
... ativa • 217
... baixa • 316
... do locutor • 154
... estentórica • 15
... inesquecível • 278
... lamuriosa • 201
... se fez ouvir • 156
Vozerio
... enorme • 273
... pairava no ar • 171
Vozes • 19
... infantis • 278
Vulto • 203
... da infeliz • 200
... nobre • 277
Vultos
... enormes • 215
... negros • 19

·[Z]·

Zona
... da vida • 293
... de trevas • 293
Zona mental • 161, 188, 312
... fechada • 188
Zona superior • 223

· [Z]·

Zonas • 153, 154, 161
... aperfeiçoadas • 155
... de atividade superior • 255
... de trabalho • 153
... inferiores • 154, 312
... inferiores (do Umbral) • 188
... mais altas (da colônia) • 270
... mais altas da vida • 279
... mais baixas (da existência) • 294
... superiores • 161
... superiores da vida • 268
... umbralinas • 235, 291

Índice onomástico

Agenor • 194, 195
Amália • 194, 195
Amâncio (Padre) • 221, 222
André Luiz • 07, 09, 11, 13, 166, 169, 223, 225, 229, 231, 233, 234, 236, 247, 254, 256, 264, 283, 289, 295, 296, 298, 301, 305, 308, 314, 321, 323, 327, 335
Arnaldo • 124, 125
Benevenuto (Ministro) • 284, 286, 287
Cacilda • 194, 195
Célio • 108
Clara (irmã de André Luiz) • 106
Clarêncio (Ministro) • 19, 23, 25, 28, 31, 32, 35, 37, 43, 45, 46, 47, 49, 51, 52, 56, 73, 86, 87, 88, 91, 92, 93, 96, 97, 100, 105, 107, 109, 110, 159, 160, 162, 166, 167, 213, 231, 261, 303, 315, 317, 321, 323, 327, 329, 330, 334, 335
Couceiro (Assistente) • 126
Cristo • 09, 12, 27, 118, 161, 209, 257, 278
Deus • 08, 22, 39, 99, 116, 163, 167, 174, 186, 193, 197, 201, 204, 219, 221, 234, 235, 236, 237, 250, 263, 287, 301, 307, 308, 312, 313, 327, 328

Edelberto • 193, 194, 195, 196
Elisa • 260, 261, 263, 264, 304
Eloísa • 122, 123, 124, 125, 137, 258, 296, 317
Ernesto • 325, 326, 330, 334
Esperidião (Ministro) • 273
Estácio • 119, 296
Everardo • 272
Flácus (Ministro) • 171
Francisco • 185, 186, 189
Genésio • 159, 165, 166, 168, 169, 231, 295, 310, 312, 313, 321
Gonçalves (Assistente) • 172
Henrique de Luna (Médico) • 32, 35, 37, 109
Hermes • 172
Hilda • 245, 247, 248, 250, 251, 252, 258, 330
Iolanda • 112, 134, 317
Jesus • 93, 110, 117, 150, 163, 165, 182, 186, 193, 209, 211, 229, 233, 234, 244, 249, 251, 256, 265, 276, 278, 280, 300, 320, 328
Judite • 112, 118, 134, 317, 320
Justino • 200
Laerte (pai de André Luiz) • 104, 105, 106, 305, 306

Lascínia • 119, 297, 298, 301, 335
Laura (Senhora) • 112, 115, 116, 117, 119, 121, 122, 124, 125, 127, 129, 133, 135, 137, 139, 144, 145, 147, 159, 162, 163, 166, 185, 231, 253, 257, 296, 303, 309, 310, 311, 313, 315, 317, 320, 321, 323, 329
Lísias (Visitador) • 37, 38, 39, 41, 49, 50, 51, 52, 55, 56, 59, 61, 63, 65, 67, 68, 69, 70, 73, 75, 77, 79, 80, 81, 83, 86, 98, 100, 107, 109, 110, 112, 116, 117, 118, 122, 123, 124, 126, 130, 131, 134, 137, 147, 148, 150, 154, 157, 159, 163, 165, 173, 185, 199, 220, 231, 232, 245, 253, 256, 257, 261, 284, 289, 290, 292, 293, 294, 295, 296, 298, 299, 301, 310, 313, 315, 316, 317, 320, 323, 330, 335
Longobardo (Assistente) • 136
Lourenço • 172
Luciana • 245, 246, 248, 250, 251, 252, 258
Luísa (irmã de André Luiz) • 106, 305
Maria da Luz • 125
Narcisa (enfermeira) • 175, 176, 180, 181, 182, 184, 185, 186, 187, 189, 191, 192, 196, 197, 199, 201, 202, 203, 207, 209, 210, 212, 213, 215, 217, 218, 219, 223, 228, 232, 238, 239, 243, 259, 260, 261, 263, 265, 269, 275, 295, 330, 331, 332, 333, 335
Nemésia • 224, 259, 264
Nicolas • 315, 316
Pádua (Ministro) • 188

Pai (Deus) • 22, 45, 52, 70, 80, 82, 87, 92, 93, 99, 100, 106, 168, 189, 193, 195, 221, 234, 236, 238, 242, 259, 268, 306, 331, 333
Paulina • 191, 193, 194, 196
Paulo (irmão) • 201, 202, 203, 205
Paulo de Tarso • 162
Polidoro • 119, 296
Priscila (irmã de André Luiz) • 106
Rafael • 159, 163, 165, 166
Ribeiro • 172, 173
Ricardo • 134, 137, 314, 316, 317, 319, 320, 321
Salústio • 181, 191, 196, 219, 238, 268, 277, 295, 335
Silveira • 225, 226, 228, 229, 261, 335
Silveira (Senhora) • 226
Silveira (Senhorita) • 227
Teresa • 126, 137, 313, 317
Tobias • 168, 169, 171, 172, 173, 174, 175, 176, 179, 180, 181, 182, 231, 232, 237, 238, 245, 246, 247, 248, 249, 251, 252, 253, 254, 255, 257, 262, 269, 271, 273, 283, 284, 295, 303, 330, 331, 335
Venâncio • 181
Veneranda (Ministra) • 183, 207, 208, 209, 210, 211, 237, 240, 243, 244, 280, 330
Virgem de Nazaré • 264
Zélia (viúva de André Luiz) • 44, 107, 213, 253, 298, 324, 325, 326, 328, 329, 330, 333
Zenóbio (Assistente) • 224